Comprendre la santé mentale

Naviguer dans l'anxiété, les troubles de l'humeur et la schizophrénie chez les enfants : éliminer les stigmates et fournir un soutien pour les défis de santé mentale.

DR. JASMINE TERRY

PAGE DES DROITS D'AUTEUR

Droits d'auteur © 2024

Tous droits réservés.

Publié par le Dr Jasmine Terry

SCANEZ LE CODE QR POUR VOIR D'AUTRES LIVRES DU DR. TERRY

Table des matières

Merci d'avoir acheté « Comprendre la santé mentale : gérer l'anxiété, les troubles de l'humeur et la schizophrénie chez les enfants ; éliminer les stigmates et fournir un soutien pour les défis de santé mentale. » Votre décision d'investir dans ce livre est une étape cruciale vers l'amélioration de vos connaissances et compétences pour soutenir les enfants confrontés à des problèmes de santé mentale. En tant qu'auteur, je suis profondément reconnaissant de votre confiance et de votre engagement à comprendre et à résoudre ces questions critiques.

En choisissant cet ouvrage, vous vous offrez une mine d'informations à la fois complètes et pratiques. Vous obtiendrez un aperçu de la complexité des troubles de santé mentale tels que l'anxiété, les troubles de l'humeur et la schizophrénie, en particulier dans le contexte des enfants. Cette compréhension est essentielle pour soutenir efficacement les enfants dans leur parcours de santé mentale.

L'un des principaux avantages de ce livre est une compréhension plus approfondie des signes et des symptômes de divers troubles de santé mentale. Reconnaître les signes avant-coureurs peut faire une différence significative dans la vie d'un enfant, permettant une intervention et un soutien rapides. Par exemple, comprendre les signes subtils d'anxiété chez un enfant, tels que des changements dans ses habitudes alimentaires ou une irritabilité accrue, peut susciter des conversations et des actions précoces susceptibles de prévenir l'aggravation des symptômes.

Le livre propose également des stratégies pratiques pour gérer ces troubles, depuis les techniques cognitivo-comportementales jusqu'aux approches de thérapie familiale. Vous apprendrez à créer des environnements favorables qui favorisent la résilience et la confiance chez les enfants. Par exemple, la section sur les stratégies d'adaptation à l'anxiété propose des mesures concrètes que les parents et les tuteurs peuvent mettre en œuvre, telles que des exercices de pleine conscience et des routines structurées. Ces outils peuvent aider les enfants à développer des mécanismes d'adaptation sains qui leur seront bénéfiques.

De plus, ce livre aborde le problème omniprésent de la stigmatisation associée aux troubles de santé mentale. En le lisant, vous serez mieux équipé pour briser ces stigmates et favoriser un environnement plus inclusif et plus compréhensif. Les histoires d'expériences réelles contenues dans le livre démontrent comment l'empathie et l'éducation peuvent transformer les attitudes et donner de l'espoir.

En plus de ces informations précieuses, le livre propose des ressources pour un apprentissage et un soutien approfondis. Vous trouverez une liste organisée de lectures recommandées, de sites Web et d'applications pouvant fournir une formation et une assistance continues. Ces ressources sont conçues pour vous aider à rester informé et connecté aux derniers développements en matière de soins de santé mentale.

Dans ce livre, vous découvrirez le lien profond entre le corps et l'esprit, en explorant comment la santé physique influence directement le bien-être mental des enfants. Le chapitre sur le lien entre la santé physique et mentale souligne le rôle crucial du sommeil, de la nutrition, du mouvement et de la santé intestinale dans la stabilisation des émotions, l'amélioration de la concentration et le soutien à l'autorégulation. Vous comprendrez comment de simples changements, comme l'amélioration des habitudes de sommeil, l'incorporation de repas riches en nutriments et l'encouragement de l'activité physique, peuvent améliorer considérablement la capacité d'un enfant à gérer l'anxiété, les troubles de l'humeur et les défis neurodéveloppementaux. Au lieu de s'appuyer uniquement sur les traitements traditionnels de santé mentale, ce livre met l'accent sur une approche holistique et intégrative qui aborde les facteurs biologiques sous-jacents, garantissant une **complet et durable** chemin vers la résilience émotionnelle.

Le chapitre sur le traumatisme et son impact sur la santé mentale des enfants se penche sur les effets cachés du traumatisme de l'enfance, illustrant comment les expériences indésirables précoces façonnent le développement du cerveau, la régulation émotionnelle et les réponses comportementales. Vous apprendrez à reconnaître les signes d'un traumatisme, à comprendre l'impact neurologique et à mettre en œuvre des stratégies tenant compte des traumatismes pour soutenir la guérison et le rétablissement. Avec des conseils pratiques sur la création d'environnements sûrs et prévisibles et sur la promotion de l'expression émotionnelle, ce livre permet aux soignants et aux éducateurs d'aider les enfants à rétablir la confiance, à retrouver confiance et à développer des mécanismes d'adaptation qui favorisent la santé mentale à long terme. En comprenant les effets profondément enracinés des traumatismes et la façon dont la santé physique influence la stabilité émotionnelle, vous serez mieux équipé pour fournir le soutien compatissant et éclairé dont chaque enfant a besoin pour s'épanouir.

D'un autre côté, ne pas accepter ce livre signifie passer à côté d'une richesse de connaissances et de ressources qui pourraient faire une profonde différence dans la vie des enfants aux prises avec des problèmes de santé mentale. Sans ces conseils, vous pourriez ne pas être préparé à reconnaître les premiers signes d'anxiété, de troubles de l'humeur ou de schizophrénie chez les enfants. Ce manque de sensibilisation peut entraîner des retards dans la recherche d'une aide appropriée, ce qui pourrait aggraver l'état de l'enfant.

Sans comprendre l'importance d'une intervention précoce, vous ne réaliserez peut-être pas le rôle essentiel que joue un traitement opportun et approprié dans la gestion des troubles de santé mentale. Ce livre fournit des informations détaillées sur diverses options de traitement, de la thérapie aux médicaments, vous aidant à prendre des décisions éclairées sur le meilleur plan d'action pour les besoins spécifiques d'un enfant.

De plus, sans les enseignements de ce livre, vous pourriez manquer l'occasion de défendre efficacement la cause des enfants dans les milieux éducatifs. Comprendre comment collaborer avec les écoles et créer des environnements d'apprentissage favorables est crucial pour la réussite scolaire et sociale des enfants souffrant de problèmes de santé mentale. Le livre offre des conseils pratiques sur la façon de travailler avec les éducateurs et d'accéder aux aménagements nécessaires, garantissant ainsi que les enfants reçoivent le soutien qu'ils méritent.

Votre investissement dans ce livre vise à acquérir des connaissances et à construire un avenir meilleur pour les enfants touchés par des problèmes de santé mentale. En vous éduquant, vous contribuez à une société plus compatissante et informée. Vous prenez position contre la stigmatisation, défendez ceux qui ne sont peut-être pas en mesure de se défendre eux-mêmes et créez un environnement favorable dans lequel les enfants peuvent s'épanouir.

Enfin, je tiens à vous remercier encore une fois d'avoir acheté « Comprendre la santé mentale : naviguer dans l'anxiété, les troubles de l'humeur et la schizophrénie chez les enfants ». Votre engagement à comprendre et à soutenir la santé mentale est louable.

Avec gratitude,

Dr Jasmine.

1. May L., mère d'un enfant anxieux

"Ce livre a tout changé pour notre famille. Mon fils souffrait d'une grave anxiété et je me sentais perdu. Les stratégies pratiques du Dr Terry nous ont aidés à créer un environnement structuré et favorable. Maintenant, il s'épanouit et je me sens enfin autonome en tant que parent !"

2. Jason M., enseignant au primaire

"En tant qu'enseignant, j'ai vu de nombreux enfants souffrir de troubles de l'humeur, mais je n'ai jamais su comment vraiment les aider. Ce livre m'a donné des outils réels et pratiques pour soutenir mes élèves en classe. Chaque éducateur doit lire ceci !"

3. Maria G., parent d'un enfant atteint de schizophrénie

"Lorsque ma fille a reçu un diagnostic de schizophrénie, j'étais terrifiée. Ce livre m'a aidée à comprendre ce qu'elle traversait et comment je pouvais la soutenir. Il a clarifié un sujet complexe et m'a donné l'espoir dont j'avais désespérément besoin."

4. Thomas W., psychologue pour enfants

"Le Dr Terry a écrit un guide incontournable pour les parents et les tuteurs. Ses explications sont claires, ses conseils sont pratiques et son approche est compatissante. Je recommande maintenant ce

livre à toutes les familles avec lesquelles je travaille. Cela change la donne !"

5. David R., père et défenseur de la santé mentale

"J'aurais aimé avoir ce livre il y a des années ! Il m'a non seulement aidé à comprendre les difficultés de mon enfant, mais m'a également fait réfléchir sur ma propre santé mentale. Il est révélateur, bien documenté et profondément compatissant. Tous les parents devraient le lire."

La santé mentale des enfants est un concept complexe, souvent mal compris, un peu comme une forêt inexplorée remplie de sentiers invisibles et de clairières cachées. Comprendre cet aspect crucial du développement d'un enfant ne consiste pas seulement à reconnaître les symptômes ; cela implique une approche globale qui inclut l'empathie, le soutien et une intervention appropriée. Pour illustrer cela, commençons ce voyage avec Emily, une enfant qui a surmonté ses problèmes de santé mentale.

Emily était une enfant brillante, créative et énergique, mais lorsqu'elle est entrée à l'école, ses parents ont commencé à remarquer des changements subtils. Elle devenait de plus en plus renfermée, anxieuse face aux activités quotidiennes et éprouvait de fréquentes sautes d'humeur. C'était comme si des nuages d'incertitude et de peur éclipsaient le soleil de sa personnalité.

Reconnaître ces premiers signes est la première étape pour comprendre la santé mentale des enfants. Les parents d'Emily, à l'écoute de ses besoins, ont observé sa réticence à participer à des activités sociales, ses difficultés de concentration et son irritabilité croissante. Ce n'étaient pas de simples phases ; ils étaient des indicateurs d'anxiété sous-jacente et de troubles de l'humeur.

Explorer le chemin de la santé mentale nécessite des conseils. Les parents d'Emily ont demandé l'aide d'un psychologue pédiatrique, qui a procédé à une évaluation complète. Le diagnostic était un mélange de trouble anxieux généralisé et de dépression précoce. Cette révélation était à la fois intimidante et soulageante ; ils avaient désormais un nom pour les ombres qui planaient sur la vie d'Emily et pouvaient commencer à tracer la voie à suivre pour son rétablissement.

Créer un environnement favorable peut ressembler à la construction d'un abri solide pendant une tempête. La famille d'Emily a apporté plusieurs changements pour lui offrir stabilité et confort. Ils ont établi une routine quotidienne cohérente, qui comprenait du temps de détente et des passe-temps qu'elle appréciait, comme la peinture et la lecture. Cette structure a aidé Emily à se sentir en sécurité et lui a donné un sentiment de contrôle sur son environnement.

Ses parents ont également maintenu des lignes de communication ouvertes, encourageant Emily à exprimer ses sentiments sans crainte d'être jugée. Ils ont pratiqué une écoute active, validant ses émotions et la rassurant. Cette atmosphère de soutien a été cruciale pour aider Emily à surmonter son anxiété et ses sautes d'humeur.

L'intervention professionnelle a joué un rôle central dans le parcours d'Emily. Elle a commencé une thérapie cognitivo-comportementale (TCC), qui l'a dotée d'outils pour gérer son anxiété. Grâce à la TCC, Emily a appris des techniques pour contester et recadrer ses pensées négatives, réduisant progressivement leur pouvoir sur elle. Son thérapeute a également introduit des pratiques de pleine conscience, qui ont aidé Emily à rester ancrée dans le moment présent et à réduire son niveau de stress général.

Dans certains cas, des médicaments sont nécessaires pour soulager les symptômes graves. Sous une surveillance attentive, le plan de traitement d'Emily comprenait des médicaments pour stabiliser son humeur. Cette combinaison de thérapie et de médicaments a créé une approche équilibrée de ses soins de santé mentale, abordant à la fois les symptômes immédiats et les stratégies d'adaptation à long terme.

L'un des plus grands obstacles en matière de santé mentale est la stigmatisation qui y est attachée. Les parents d'Emily ont décidé de s'attaquer de front à ce problème en se renseignant eux-mêmes et en sensibilisant les autres à la santé mentale. Ils ont discuté ouvertement de l'état d'Emily avec son école, s'assurant que les enseignants et les administrateurs connaissaient ses besoins et pouvaient lui apporter le soutien approprié.

Ils ont également établi des liens avec d'autres familles confrontées à des défis similaires, formant ainsi un réseau de soutien partageant ressources et expériences. Cet effort communautaire a contribué à éliminer les barrières de la stigmatisation, en remplaçant les malentendus par l'empathie et la connaissance.

Le parcours d'Emily a été difficile mais marqué par la résilience, le soutien et les progrès progressifs. Au fil du temps, elle a commencé à s'épanouir. Grâce aux bonnes stratégies et au soutien indéfectible de sa famille et de ses professionnels, l'anxiété d'Emily a diminué et son humeur s'est stabilisée. Elle a redécouvert son amour pour les activités sociales, a excellé sur le plan scolaire et est devenue une militante de la sensibilisation à la santé mentale dans son école.

Son histoire est une lueur d'espoir, illustrant qu'avec une reconnaissance précoce, une aide professionnelle, des environnements favorables et une position proactive contre la stigmatisation, les enfants souffrant de problèmes de santé mentale peuvent mener une vie réussie et épanouissante. Le triomphe d'Emily témoigne du pouvoir de comprendre la santé mentale des enfants, non seulement de voir les défis, mais aussi de travailler activement à la recherche de solutions.

Comprendre la santé mentale des enfants, comme l'illustre l'histoire d'Emily, est un voyage à multiples facettes. Cela nécessite de la vigilance, de la compassion et une volonté de rechercher et de fournir du soutien. En reconnaissant les premiers signes, en créant des environnements favorables, en faisant appel à l'aide d'un professionnel et en surmontant la stigmatisation, nous pouvons guider les enfants à travers leurs jours les plus sombres vers un avenir rempli de promesses et de lumière. L'histoire à succès d'Emily n'est pas seulement un cas isolé ; il s'agit d'une feuille de route pour d'innombrables autres enfants et leurs familles qui naviguent sur le terrain complexe de la santé mentale.

CHAPITRE PREMIER : UNE INTRODUCTION À LA SANTÉ MENTALE DES ENFANTS

La santé mentale des enfants est un aspect crucial de leur bien-être général, car elle a un impact sur la façon dont ils pensent, ressentent et interagissent avec le monde. Les problèmes de santé mentale comme l'anxiété, les troubles de l'humeur et la schizophrénie peuvent affecter considérablement le développement et la vie quotidienne d'un enfant. Reconnaître dès le début l'importance de la santé mentale nous permet de fournir le soutien et l'intervention nécessaires.

Comprendre ces conditions est essentiel. L'anxiété chez les enfants se manifeste souvent par une inquiétude ou une peur excessive, les troubles de l'humeur peuvent entraîner des périodes prolongées de tristesse ou d'irritabilité et la schizophrénie, bien que plus rare, peut provoquer des perturbations importantes dans la perception de la réalité par l'enfant. Ces problèmes de santé mentale peuvent créer des obstacles à la croissance sociale, scolaire et personnelle d'un enfant.

La stigmatisation entourant la santé mentale reste un obstacle important. De nombreuses familles hésitent à demander de l'aide par peur du jugement ou d'un malentendu. Ce livre vise à éliminer ces barrières en fournissant des informations précises, des stratégies pratiques et des ressources de soutien. Nous pouvons aider les enfants à mener une vie plus heureuse et plus saine en favorisant un environnement d'acceptation et de compréhension.

Ce guide explorera la reconnaissance des signes de problèmes de santé mentale, la recherche de l'aide d'un professionnel et la création d'un environnement favorable pour les enfants. Relever ces défis de front peut faire toute la différence, non seulement pour l'enfant concerné, mais également pour ses familles et ses communautés.

La santé mentale des enfants est un aspect souvent négligé mais profondément critique de leur développement et de leur bien-être général. Tout comme nous accordons la priorité à leur santé physique, il est tout aussi important de veiller à leur santé mentale. La santé mentale des enfants jette les bases de leur stabilité émotionnelle, de leurs compétences sociales et de leur développement cognitif. Il ne s'agit pas seulement de prévenir ou de traiter les troubles de santé mentale ; il s'agit de favoriser un environnement favorable dans lequel les enfants peuvent s'épanouir.

Les enfants, contrairement aux adultes, n'ont peut-être pas le vocabulaire ou la conscience de soi nécessaires pour exprimer leurs sentiments de détresse ou d'anxiété. Il est donc impératif que les parents, les enseignants et les soignants reconnaissent dès le début les signes de problèmes de santé mentale. Par exemple, un enfant qui est constamment irritable, renfermé ou qui présente des changements soudains de comportement peut être aux prises avec des problèmes de santé mentale sous-jacents.

Ces signes peuvent facilement être interprétés à tort comme de simples phases de l'enfance, mais ils indiquent souvent des problèmes plus profonds qui nécessitent une attention particulière.

L'anxiété, les troubles de l'humeur et la schizophrénie comptent parmi les problèmes de santé mentale les plus courants auxquels les enfants sont confrontés. Les troubles anxieux peuvent amener les enfants à ressentir une peur ou une inquiétude persistante, ce qui a un impact significatif sur leur vie quotidienne. Les troubles de l'humeur, comme la dépression, peuvent entraîner des périodes prolongées de tristesse ou une perte d'intérêt pour les activités qu'ils appréciaient autrefois. La schizophrénie, bien que rare chez les enfants, peut provoquer des hallucinations et des délires, affectant profondément leur perception de la réalité. Comprendre ces conditions est crucial pour une intervention précoce et une gestion efficace.

La santé mentale influence directement les résultats scolaires d'un enfant. Les enfants confrontés à des problèmes de santé mentale peuvent avoir du mal à se concentrer, à participer en classe ou à faire leurs devoirs. Cela peut conduire à un cycle de frustration et de déclin scolaire, aggravant encore davantage leurs problèmes de santé mentale. Répondre à ces préoccupations peut contribuer à améliorer non seulement leurs résultats scolaires, mais également leur expérience scolaire globale.

Les interactions sociales sont un autre domaine fortement touché par la santé mentale. Les enfants ayant des problèmes de santé mentale peuvent avoir du mal à se faire des amis ou à entretenir des relations. Ils peuvent se sentir isolés ou incompris, ce qui entraîne une détresse émotionnelle encore plus grande. Encourager une communication ouverte et leur apporter un soutien peut les aider à établir des liens sociaux plus sains.

La stigmatisation entourant la santé mentale constitue un obstacle important à la recherche d'aide. De nombreux parents craignent qu'admettre que leur enfant ait un problème de santé mentale n'entraîne un jugement ou un blâme. Cette stigmatisation peut empêcher les enfants d'obtenir le soutien dont ils ont besoin à un moment crucial de leur développement. Éduquer les communautés sur les réalités de la santé mentale et promouvoir une culture d'acceptation peut contribuer à réduire cette stigmatisation.

Demander l'aide d'un professionnel est une étape essentielle dans la gestion de la santé mentale des enfants. Les psychologues pédiatriques, les thérapeutes et les conseillers peuvent fournir un soutien spécialisé adapté aux besoins de chaque enfant. Une intervention précoce peut faire une différence significative, évitant souvent des problèmes plus graves à l'avenir. Les séances de thérapie coûtent généralement entre 100 et 200 dollars de l'heure. Pourtant, de nombreux régimes d'assurance couvrent les services de santé mentale et les programmes communautaires offrent un soutien variable en fonction du revenu.

Les parents jouent un rôle essentiel dans le soutien de la santé mentale de leur enfant. Créer un environnement familial stable et stimulant peut procurer un sentiment de sécurité. Établir des routines, définir des attentes réalistes et maintenir des lignes de communication ouvertes sont des stratégies essentielles. Les parents devraient également donner l'exemple de mécanismes d'adaptation sains et encourager leurs enfants à exprimer leurs sentiments.

Les écoles et les communautés peuvent également contribuer à promouvoir la santé mentale des enfants. Les écoles devraient mettre en œuvre des programmes qui sensibilisent les élèves à la santé mentale et fournissent des ressources à ceux qui en ont besoin. Les enseignants peuvent être formés pour reconnaître les signes de problèmes de santé mentale et offrir un premier soutien ou des références vers des professionnels appropriés. Les programmes communautaires et les groupes de soutien peuvent fournir des ressources supplémentaires et un sentiment d'appartenance aux enfants et à leurs familles.

Les mesures préventives sont tout aussi importantes. Enseigner aux enfants l'importance de la santé mentale dès leur plus jeune âge peut les aider à développer leur résilience et des stratégies d'adaptation saines. La pleine conscience, le yoga et l'exercice physique régulier peuvent améliorer leur bien-être émotionnel. Encourager les passe-temps et les intérêts peut également fournir un exutoire sain à leurs émotions.

L'importance de la santé mentale chez les enfants ne peut être surestimée. Cela affecte tous les aspects de leur vie, des résultats scolaires aux interactions sociales et au bonheur général. En reconnaissant les signes dès le début, en recherchant l'aide d'un professionnel et en favorisant un environnement favorable, nous pouvons aider les enfants à surmonter efficacement leurs problèmes de santé mentale. La sensibilisation et la réduction de la stigmatisation sont des étapes cruciales pour garantir que chaque enfant ait la possibilité de grandir en bonne santé, heureux et résilient. Investir dans la santé mentale des enfants est un investissement dans leur avenir, qui rapporte des bénéfices pour eux, leurs familles et la société.

Il est essentiel de comprendre les différents types de défis auxquels ils peuvent être confrontés lorsque nous parlons de santé mentale chez les enfants. L'anxiété, les troubles de l'humeur et la schizophrénie comptent parmi les problèmes les plus importants, chacun affectant les enfants de manière unique. Ces conditions peuvent influencer la façon dont les enfants pensent, ressentent et se comportent, ce qui a un impact sur leur vie quotidienne et leur développement. Analysons ces problèmes de santé mentale pour mieux comprendre leur portée et leurs effets.

Anxiété chez les enfants

L'anxiété est l'un des problèmes de santé mentale les plus courants chez les enfants. Cela va au-delà des inquiétudes et des peurs habituelles que tous les enfants éprouvent occasionnellement. Pour certains enfants, l'anxiété peut devenir accablante et affecter leur capacité à fonctionner dans les situations quotidiennes. Imaginez un enfant qui a peur d'aller à l'école ou de rencontrer de nouvelles personnes. Cette peur peut provoquer des symptômes physiques comme des maux de ventre, des maux de tête et même des crises de panique.

Les enfants anxieux peuvent éviter les activités qu'ils appréciaient autrefois, avoir du mal à dormir ou présenter un comportement collant. Il est essentiel de reconnaître ces signes dès le début et de comprendre que l'anxiété n'est pas qu'une phase. Les parents et les tuteurs devraient demander l'aide d'un professionnel s'ils remarquent des signes persistants d'anxiété. Les thérapeutes peuvent travailler avec les enfants pour développer des stratégies d'adaptation, telles que des exercices de respiration et la pensée positive, afin de gérer efficacement leur anxiété.

Troubles de l'humeur chez les enfants

Les troubles de l'humeur, notamment la dépression et le trouble bipolaire, peuvent profondément affecter l'état émotionnel d'un enfant. La dépression chez les enfants se présente souvent différemment que chez les adultes. Alors que les adultes peuvent paraître tristes ou renfermés, les enfants peuvent devenir irritables, en colère ou exprimer des sentiments de désespoir. Ils peuvent perdre tout intérêt pour les activités qu'ils aimaient auparavant, avoir des difficultés à se concentrer ou subir des changements dans leur sommeil et leur appétit.

Le trouble bipolaire, bien que moins fréquent, est un autre trouble de l'humeur important chez les enfants. Cela implique des sautes d'humeur extrêmes, depuis des hauts maniaques où l'enfant peut sembler inhabituellement heureux et énergique jusqu'à des bas dépressifs où il peut se sentir malheureux et léthargique. Ces sautes d'humeur peuvent être imprévisibles et déroutantes pour l'enfant et sa famille.

Comprendre les troubles de l'humeur est crucial pour une intervention précoce. Le traitement comprend souvent une combinaison de thérapie et de médicaments pour aider à stabiliser l'humeur de l'enfant. La thérapie cognitivo-comportementale (TCC) peut être particulièrement efficace pour aider les enfants à identifier et à modifier les schémas de pensée négatifs. Les parents et les tuteurs doivent travailler en étroite collaboration avec des professionnels de la santé mentale pour créer un environnement favorable qui favorise la stabilité émotionnelle.

Schizophrénie chez les enfants

La schizophrénie est un trouble de santé mentale grave qui affecte la façon dont une personne pense, ressent et se comporte. Bien que rare chez les enfants, la schizophrénie à début précoce peut survenir, se manifestant généralement à la fin de l'enfance ou à l'adolescence. Cela implique des symptômes tels que des hallucinations, des délires et une pensée désorganisée. Un enfant atteint de schizophrénie peut entendre des voix qui n'existent pas, croire des choses qui ne sont pas vraies ou avoir des difficultés à organiser ses pensées.

L'impact de la schizophrénie sur la vie d'un enfant peut être profond. Cela affecte leur capacité à interagir avec les autres, à réussir à l'école et à participer aux activités quotidiennes. Un diagnostic et une intervention précoces sont essentiels. Le traitement implique généralement des médicaments antipsychotiques pour gérer les symptômes et diverses formes de thérapie pour soutenir le développement et les capacités d'adaptation de l'enfant.

L'implication de la famille est essentielle dans la gestion de la schizophrénie. Les parents et les tuteurs doivent être informés de la maladie afin de fournir un soutien approprié. Une communication régulière avec les professionnels de la santé mentale est essentielle pour suivre les progrès de l'enfant et ajuster le traitement si nécessaire.

L'interdépendance des problèmes de santé mentale

L'anxiété, les troubles de l'humeur et la schizophrénie, bien que distincts, partagent souvent des points communs. Par exemple, un enfant anxieux peut également éprouver des sautes d'humeur, ou un enfant atteint de schizophrénie peut souffrir d'anxiété. Comprendre ces interconnexions peut aider à élaborer des plans de traitement complets qui répondent à l'ensemble des besoins de santé mentale d'un enfant.

Briser la stigmatisation

L'un des plus grands défis dans la lutte contre ces problèmes de santé mentale est la stigmatisation qui les entoure. De nombreuses familles hésitent à demander de l'aide par peur du jugement ou d'un malentendu. Il est crucial de favoriser un environnement d'acceptation et d'ouverture. Éduquer les communautés sur la santé mentale peut réduire la stigmatisation et encourager les familles à rechercher l'aide dont leurs enfants ont besoin.

Reconnaître les signes, demander l'aide d'un professionnel et créer un environnement favorable peuvent améliorer considérablement la qualité de vie d'un enfant. En abordant de front ces problèmes de santé mentale et en éliminant la stigmatisation, nous pouvons aider les enfants à parcourir leur parcours de santé mentale avec résilience et espoir. L'objectif est de garantir que chaque enfant ait la possibilité de s'épanouir, tant émotionnellement que mentalement, jetant ainsi les bases d'un avenir plus sain.

La stigmatisation entourant la santé mentale, en particulier chez les enfants, est un problème omniprésent qui peut entraver le soutien et le traitement nécessaires au bien-être d'un enfant. Ce livre vise à affronter et à démanteler cette stigmatisation, en fournissant un guide complet pour comprendre, aborder et surmonter les problèmes de santé mentale chez les enfants. En explorant les raisons de la stigmatisation et les moyens de la combattre, ce livre s'efforce de créer une communauté plus solidaire et mieux informée.

La stigmatisation découle souvent d'un manque de compréhension et de connaissances sur les problèmes de santé mentale. De nombreuses personnes ont des idées fausses, croyant que les problèmes de santé mentale sont un signe de faiblesse ou de mauvaise parentalité. Cette incompréhension peut conduire au jugement et à l'isolement de l'enfant et de sa famille. Par exemple, un enfant anxieux peut être perçu comme trop sensible ou indiscipliné, tandis que les parents peuvent être blâmés pour ne pas gérer efficacement le comportement de leur enfant. Ces stéréotypes néfastes empêchent les familles de rechercher l'aide dont elles ont besoin et contribuent à une culture du silence et de la honte.

Les effets de la stigmatisation sont considérables. Les enfants confrontés à des problèmes de santé mentale sont souvent confrontés à un double fardeau : faire face à leur maladie et faire face à la stigmatisation qui y est associée. Cela peut entraîner un sentiment d'isolement, une faible estime de soi et une réticence à participer à des activités sociales ou à demander de l'aide. Par exemple, un enfant souffrant de dépression pourrait éviter de parler de ses sentiments de peur d'être qualifié de « dramatique » ou de « recherchant l'attention ». Ce silence peut aggraver leur état, conduisant à un cercle vicieux d'aggravation des symptômes et de stigmatisation accrue.

Les parents sont également les plus touchés par la stigmatisation. Ils peuvent se sentir coupables ou inadéquats, craignant que les autres ne les jugent pour les problèmes de santé mentale de leur enfant. Cette peur peut les empêcher de demander de l'aide, qu'il s'agisse de professionnels de la santé mentale, d'amis ou de membres de leur famille. Un parent qui a peur d'être blâmé pourrait retarder la recherche d'un diagnostic pour son enfant, ce qui entraînerait des opportunités manquées d'intervention et de traitement précoces. Ce livre souligne l'importance de briser ce cycle en favorisant un environnement favorable dans lequel les parents se sentent habilités à demander de l'aide sans craindre d'être jugés.

L'éducation est un outil puissant pour lutter contre la stigmatisation. En fournissant des informations précises sur les troubles de santé mentale, leurs causes et leurs traitements, ce livre vise à dissiper les mythes et à les remplacer par la compréhension et l'empathie. Par exemple, de nombreuses personnes croient que les problèmes de santé mentale chez les enfants sont rares ou qu'ils « en sortiront ». Cette idée fausse peut conduire à ignorer les symptômes d'un enfant, retardant ainsi le traitement nécessaire. Ce livre cherche à éduquer les lecteurs et à remettre en question ces croyances dépassées à travers des histoires réelles, des avis d'experts et des conseils pratiques.

Il est crucial de créer un dialogue ouvert sur la santé mentale. Encourager les conversations sur la santé mentale peut aider à normaliser ces expériences et à réduire la peur et la honte qui y sont associées. Les écoles, les communautés et les familles jouent un rôle essentiel dans ce processus. Les écoles peuvent mettre en œuvre des programmes qui enseignent aux élèves la santé mentale, favorisent le bien-être émotionnel et fournissent des ressources à ceux qui ont besoin de soutien. Les communautés peuvent organiser des événements et des groupes de soutien qui rassemblent les familles pour partager leurs expériences et apprendre les unes des autres. Les parents peuvent donner l'exemple d'une communication ouverte et honnête au sein des familles, montrant à leurs enfants qu'il n'y a rien de mal à parler de leurs sentiments et à demander de l'aide en cas de besoin.

Le plaidoyer est un autre élément essentiel de la lutte contre la stigmatisation. Ce livre encourage les lecteurs à devenir des défenseurs de la santé mentale, tant au sein de leur propre famille que dans la communauté au sens large. Le plaidoyer peut prendre de nombreuses formes, depuis le fait de parler d'expériences personnelles jusqu'au soutien aux politiques et initiatives en matière de santé mentale. Les défenseurs peuvent contribuer à créer un environnement plus inclusif et plus favorable pour tous les enfants en sensibilisant et en favorisant la compréhension.

L'impact de la réduction de la stigmatisation s'étend au-delà des familles individuelles. Une communauté qui comprend et soutient la santé mentale crée un effet d'entraînement, favorisant le bien-être et la résilience à plus grande échelle. Les enfants qui grandissent dans un environnement sans stigmatisation sont plus susceptibles de demander de l'aide en cas de besoin, de développer des mécanismes d'adaptation sains et de s'épanouir émotionnellement et académiquement. Ce livre vise à contribuer à ce changement positif, en fournissant les connaissances et les outils nécessaires pour soutenir efficacement la santé mentale des enfants.

La stigmatisation entourant la santé mentale des enfants constitue un obstacle important au traitement et au soutien. Ce livre est important car il s'attaque aux racines de cette stigmatisation, propose une éducation pour dissiper les mythes et encourage un dialogue ouvert et un plaidoyer. En favorisant un environnement plus compréhensif et plus favorable, nous pouvons aider les enfants et leurs familles à surmonter les problèmes de santé mentale avec dignité et espoir. Réduire la stigmatisation ne consiste pas seulement à changer les perceptions ; il s'agit de transformer des vies et de garantir que chaque enfant puisse grandir en bonne santé, heureux et compris.

CHAPITRE DEUX : ANXIÉTÉ CHEZ LES ENFANTS

Comprendre l'anxiété chez les enfants, c'est comme cartographier les différentes voies qui peuvent conduire à cette maladie. Il est crucial de reconnaître les signes avant-coureurs, car l'anxiété se manifeste souvent d'une manière qui n'est peut-être pas immédiatement évidente. Les enfants peuvent se plaindre de maux d'estomac, de maux de tête ou de changements dans leurs habitudes de sommeil et leurs habitudes alimentaires. Ils peuvent devenir irritables, collants ou éviter les activités qu'ils appréciaient autrefois. Ces signes peuvent parfois être confondus avec des comportements normaux de l'enfance, ce qui rend essentiel que les parents et les tuteurs soient attentifs.

Les causes de l'anxiété chez les enfants sont multiples et découlent souvent d'un mélange de facteurs génétiques, environnementaux et développementaux. Des antécédents familiaux d'anxiété peuvent augmenter le risque pour un enfant, tout comme des événements stressants de la vie tels qu'un déménagement, la perte d'un être cher ou des problèmes à l'école. De plus, le stade de développement d'un enfant peut influencer la façon dont il ressent et exprime son anxiété. Par exemple, les enfants plus jeunes peuvent craindre d'être séparés de leurs parents, tandis que les enfants plus âgés peuvent s'inquiéter davantage de l'acceptation sociale ou des résultats scolaires.

Naviguer dans l'anxiété implique un mélange de stratégies pratiques que les parents et les tuteurs peuvent mettre en œuvre. Créer une routine cohérente contribue à assurer la sécurité tout en encourageant une communication ouverte, qui permet aux enfants d'exprimer leurs peurs et leurs inquiétudes. Enseigner des techniques de relaxation comme la respiration profonde ou des exercices de pleine conscience peut également être bénéfique. Le renforcement positif pour les petites réalisations et l'exposition progressive aux situations redoutées peuvent aider les enfants à développer leur confiance et leur résilience.

Demander l'aide d'un professionnel est une étape cruciale lorsque l'anxiété a un impact significatif sur la vie quotidienne d'un enfant. Les pédiatres peuvent fournir des conseils initiaux et des références, tandis que des thérapeutes ou des conseillers peuvent offrir un soutien spécialisé. La thérapie cognitivo-comportementale (TCC) est couramment utilisée pour aider les enfants à comprendre et à gérer leur anxiété en modifiant les schémas de pensée négatifs. Les séances de thérapie coûtent généralement entre 100 et 200 dollars de l'heure, mais de nombreux régimes d'assurance couvrent les services de santé mentale. De plus, certains programmes communautaires proposent des tarifs dégressifs basés sur le revenu, rendant la thérapie plus accessible.

Comprendre et traiter l'anxiété chez les enfants est une approche globale qui implique une reconnaissance précoce, la compréhension des causes sous-jacentes, la mise en œuvre de stratégies pratiques et le fait de savoir quand demander l'aide d'un professionnel. Les parents et les tuteurs peuvent aider leurs enfants à gérer leur anxiété en prenant ces mesures, les aidant ainsi à mener une vie plus heureuse et plus épanouissante.

L'anxiété chez les enfants peut être une présence silencieuse mais percutante, influençant leur vie quotidienne d'une manière qui n'est peut-être pas immédiatement apparente. Reconnaître les signes avant-coureurs de l'anxiété est crucial pour fournir un soutien et une intervention en temps opportun. Contrairement aux adultes, les enfants manquent souvent de vocabulaire pour exprimer leurs sentiments, ce qui rend essentiel que les parents, les enseignants et les tuteurs soient vigilants et observateurs.

L'un des premiers indicateurs d'anxiété chez les enfants est un changement notable de comportement. Un enfant autrefois extraverti et désireux de participer à des activités sociales peut devenir renfermé et éviter les interactions avec ses amis et sa famille. Ils peuvent exprimer une réticence à aller à l'école, à participer à des sports ou à assister à des réunions sociales. Ce changement soudain peut être facilement négligé ou attribué à la timidité ou à une phase, mais il signale souvent une anxiété sous-jacente.

Les symptômes physiques sont un autre indice important. Les enfants anxieux se plaignent fréquemment de douleurs inexpliquées, telles que des maux de ventre, des maux de tête ou des tensions musculaires. Ces manifestations physiques d'anxiété sont réelles et peuvent être assez pénibles pour l'enfant, même si elles n'ont pas de cause médicale claire. Les parents doivent prêter attention à ces plaintes récurrentes, surtout si elles coïncident avec des événements ou des situations stressantes.

Les troubles du sommeil sont également fréquents chez les enfants anxieux. Ils peuvent avoir du mal à s'endormir, faire des cauchemars fréquents ou se réveiller plusieurs fois pendant la nuit. Ces problèmes de sommeil peuvent entraîner de la fatigue, de l'irritabilité et des difficultés de concentration pendant la journée. La surveillance des habitudes de sommeil d'un enfant peut fournir des informations précieuses sur son état émotionnel.

Un autre signe avant-coureur d'anxiété est l'inquiétude excessive. Les enfants peuvent exprimer des inquiétudes persistantes concernant leur vie, comme leurs résultats scolaires, le bien-être de leur famille ou les événements futurs. Cette inquiétude peut être disproportionnée par rapport à la situation réelle et consommer une grande partie de leur énergie mentale. Ils peuvent chercher à plusieurs reprises à se rassurer auprès de leurs parents ou tuteurs, en posant des questions telles que « Et si j'échoue à mon test ? » ou "Et si quelque chose de grave vous arrivait ?"

Des changements comportementaux, tels qu'une irritabilité accrue ou des crises de colère, peuvent également indiquer une anxiété. Les enfants anxieux peuvent réagir fortement à des revers mineurs ou à des changements de routine. Ils peuvent faire preuve d'attachement, refusant d'être séparés de leurs parents ou tuteurs, même dans un cadre familier. Ce besoin accru de sécurité et de stabilité est un signe clair que l'enfant a du mal à gérer son anxiété.

Il est essentiel de reconnaître que l'anxiété peut se manifester différemment selon les groupes d'âge. Les enfants plus jeunes peuvent manifester leur anxiété par des comportements régressifs, comme l'énurésie nocturne, la succion du pouce ou le désir d'être portés. Ils peuvent également présenter des plaintes somatiques plus fréquentes, telles que des maux de ventre ou des maux de tête fréquents, que les enfants plus âgés. En revanche, les enfants plus âgés et les adolescents peuvent exprimer leur anxiété par des plaintes verbales plus sophistiquées, comme s'inquiéter de l'acceptation sociale, des résultats scolaires ou de problèmes mondiaux comme le changement climatique.

Identifier ces signes avant-coureurs est la première étape vers l'apport d'un soutien. Les parents et les tuteurs peuvent aider en créant un environnement sûr et prévisible pour l'enfant. L'établissement de routines cohérentes peut procurer un sentiment de sécurité et réduire l'anxiété. Encourager une communication ouverte est également crucial. Les enfants ont besoin de sentir qu'ils peuvent parler de leurs peurs et de leurs inquiétudes sans craindre d'être jugés ou rejetés. L'écoute active se produit lorsque le parent ou le tuteur s'engage pleinement dans les préoccupations de l'enfant, valide ses sentiments et contribue à établir la confiance.

Enseigner aux enfants des mécanismes d'adaptation est une autre stratégie efficace. Des techniques telles que la respiration profonde, la pleine conscience et la visualisation peuvent les aider à gérer leur anxiété sur le moment. Par exemple, guider un enfant dans un exercice de respiration profonde peut l'aider à se calmer lorsqu'il se sent dépassé. Les activités de pleine conscience, comme se concentrer sur ses sens ou s'adonner à un passe-temps apaisant, peuvent également apporter un soulagement.

Parfois, l'aide d'un professionnel est nécessaire. Si l'anxiété a un impact significatif sur la vie quotidienne d'un enfant, il est essentiel de demander l'avis d'un professionnel de la santé mentale. Les thérapeutes, en particulier ceux spécialisés dans l'anxiété pédiatrique, peuvent proposer des stratégies et des interventions sur mesure. La thérapie cognitivo-comportementale (TCC) est une approche courante qui aide les enfants à identifier et à modifier les schémas de pensée négatifs. Ce type de thérapie est très efficace pour gérer l'anxiété.

S'attaquer tôt à l'anxiété aide les enfants à développer leur résilience et leur confiance en eux, ouvrant ainsi la voie à un avenir plus sain et plus heureux. Reconnaître les signes avant-coureurs de l'anxiété chez les enfants nécessite un œil attentif et une compréhension de la manière dont l'anxiété peut se manifester.

En prêtant attention aux changements de comportement, aux symptômes physiques, aux habitudes de sommeil, à l'inquiétude excessive et aux réactions comportementales, les parents et les tuteurs peuvent identifier l'anxiété dès le début. Offrir un environnement favorable, encourager une communication ouverte, enseigner des mécanismes d'adaptation et demander l'aide d'un professionnel si nécessaire peut faire une différence significative dans la capacité d'un enfant à gérer son anxiété.

Comprendre les causes de l'anxiété chez les enfants nécessite d'examiner une interaction complexe de facteurs génétiques, environnementaux et développementaux. Chaque enfant est unique et une combinaison de ces éléments peut influencer ses expériences en matière d'anxiété. En explorant ces causes, nous pouvons mieux comprendre pourquoi certains enfants sont plus sujets à l'anxiété et comment nous pouvons leur apporter un soutien adéquat.

Facteurs génétiques

La génétique joue un rôle important dans le développement de l'anxiété. La recherche a montré que les troubles anxieux sont souvent héréditaires, ce qui suggère une composante héréditaire. Si un parent ou un parent proche a des antécédents d'anxiété, il est plus probable qu'un enfant souffre également d'anxiété. Par exemple, un enfant dont les parents souffrent tous deux de troubles anxieux pourrait hériter d'une prédisposition génétique à l'anxiété.

Cependant, la génétique ne détermine pas à elle seule les résultats en matière de santé mentale d'un enfant. Même si une prédisposition génétique peut rendre un enfant plus sensible à l'anxiété, cela ne garantit pas qu'il développera un trouble anxieux. L'interaction entre les gènes et d'autres facteurs est cruciale pour comprendre la situation dans son ensemble.

Facteurs environnementaux

Les influences environnementales sont un autre contributeur majeur à l'anxiété infantile. Ces facteurs englobent un large éventail d'expériences et de conditions qu'un enfant rencontre dans sa vie quotidienne. Autrement dit, un environnement familial stressant, caractérisé par des niveaux élevés de conflit ou d'instabilité, peut avoir un impact significatif sur la santé mentale d'un enfant. Être témoin de disputes entre parents ou subir des soins incohérents peut créer un sentiment d'insécurité et de peur.

Les facteurs de stress liés à l'école jouent également un rôle. Les pressions académiques, l'intimidation et les défis sociaux peuvent tous contribuer à l'anxiété. Un enfant qui a des difficultés avec ses devoirs scolaires ou qui est confronté à l'exclusion sociale peut développer de l'anxiété à l'idée d'aller à l'école ou d'interagir avec ses pairs. Par exemple, un enfant qui est constamment victime d'intimidation peut devenir anxieux à l'idée d'aller à l'école, craignant d'être davantage victimisé.

Les expériences traumatisantes, comme la perte d'un être cher, les catastrophes naturelles ou les accidents graves, peuvent déclencher de l'anxiété. Ces événements peuvent laisser des cicatrices émotionnelles durables, entraînant une anxiété et une peur accrues. Un enfant qui a vécu la mort subite d'un membre de sa famille peut développer une anxiété de séparation, craignant que d'autres proches ne soient également emmenés de manière inattendue.

Facteurs de développement

Les stades de développement influencent également l'apparition et la manifestation de l'anxiété chez les enfants. Les enfants passent par diverses étapes de développement au fur et à mesure de leur croissance, chacune présentant des défis et des facteurs de stress. Durant la petite enfance, l'anxiété de séparation est courante. Les jeunes enfants éprouvent souvent de la détresse lorsqu'ils sont séparés de leurs principaux tuteurs, ce qui fait naturellement partie de leur développement. Cependant, si cette anxiété persiste au-delà de la tranche d'âge habituelle, cela peut indiquer un problème plus profond.

À mesure que les enfants entrent en âge scolaire, ils sont confrontés à de nouvelles pressions sociales et scolaires. Ils peuvent avoir besoin d'aide pour se faire des amis, réussir à l'école ou répondre aux attentes des parents et des enseignants. Ces inquiétudes peuvent conduire à une anxiété généralisée ou à des phobies spécifiques. Par exemple, un enfant qui craint l'échec peut développer une anxiété liée aux examens, devenir extrêmement anxieux avant les examens et douter de ses capacités.

L'adolescence apporte son lot de défis. Les adolescents font face aux complexités de l'identité, des relations avec leurs pairs et des responsabilités croissantes. La pression pour s'intégrer, réussir ses études et prendre des décisions importantes dans la vie peut être écrasante. Les réseaux sociaux et la comparaison constante avec les autres peuvent exacerber ces sentiments, conduisant à une anxiété accrue. Les adolescents inquiets de leur statut social peuvent devenir trop anxieux quant à leur présence en ligne et à l'acceptation de leurs pairs.

L'interaction des facteurs

Il est essentiel de reconnaître que ces facteurs n'agissent pas de manière isolée. L'interaction entre les prédispositions génétiques, les facteurs de stress environnementaux et les stades de développement crée un contexte unique pour chaque enfant. Par exemple, un enfant génétiquement prédisposé vivant dans un environnement favorable et stable pourrait ne pas développer d'anxiété, tandis qu'un enfant sans prédisposition génétique mais exposé à un stress et à un traumatisme chroniques pourrait ressentir des symptômes d'anxiété importants.

Prenons l'exemple de deux frères et sœurs. On peut hériter d'une prédisposition génétique à l'anxiété, mais grandir dans un environnement stimulant avec des parents et des enseignants qui les soutiennent, les aidant à gérer efficacement leur anxiété. L'autre frère ou sœur, dépourvu de prédisposition génétique mais confronté au harcèlement à l'école et à l'instabilité à la maison, pourrait développer de l'anxiété malgré son bagage génétique.

Comprendre les causes de l'anxiété chez les enfants est crucial pour développer des interventions et des stratégies de soutien efficaces. En reconnaissant les facteurs génétiques, environnementaux et développementaux en jeu, les parents, les tuteurs et les éducateurs peuvent mieux répondre aux besoins uniques de chaque enfant. Une identification et une intervention précoces sont essentielles pour aider les enfants à gérer leur anxiété et à mener une vie plus saine et plus équilibrée. Créer des environnements favorables, promouvoir un développement sain et fournir un accès à des ressources en santé mentale peuvent réduire considérablement l'impact de l'anxiété sur la vie des enfants.

Aider un enfant à surmonter son anxiété nécessite une approche réfléchie et proactive de la part des parents et des tuteurs. Il s'agit de créer un environnement favorable, d'utiliser des stratégies efficaces et de demander l'aide d'un professionnel si nécessaire. Voici quelques étapes pratiques pour aider les enfants à gérer leur anxiété.

Créer un environnement sûr et prévisible

L'une des étapes fondamentales pour aider un enfant anxieux est d'établir un environnement sûr et prévisible. La cohérence dans les routines quotidiennes procure un sentiment de sécurité et contribue à réduire l'anxiété. Par exemple, le maintien d'heures de repas régulières, de routines au coucher et d'horaires de devoirs peut aider un enfant à se sentir plus en contrôle. La prévisibilité minimise les inconnues qui déclenchent souvent l'anxiété.

En plus des routines, il est crucial de créer un espace physique où l'enfant se sent en sécurité. Cela pourrait être un coin confortable dans leur chambre avec leurs livres et jouets préférés ou un endroit calme où ils peuvent se retirer lorsqu'ils sont dépassés. Cet espace sécurisé est un refuge, offrant confort et sentiment de sécurité.

Encourager une communication ouverte

Une communication ouverte est essentielle pour comprendre l'anxiété d'un enfant et lui apporter le soutien nécessaire. Veuillez encourager votre enfant à parler de ses sentiments et de ses peurs. Posez des questions ouvertes telles que : « Pouvez-vous me dire ce qui vous dérange ? » ou "Que pensez-vous du fait d'aller à l'école aujourd'hui?" Ces questions invitent les enfants à partager leurs réflexions sans se sentir sous pression.

Écouter activement est tout aussi essentiel. Lorsque votre enfant parle de ses peurs, accordez-lui toute votre attention. Validez leurs sentiments en reconnaissant leurs émotions, en disant des choses comme : « Je comprends que tu as peur à propos de ton test. » La validation aide l'enfant à se sentir entendu et compris, ce qui est essentiel pour instaurer la confiance et réduire l'anxiété.

Enseigner les mécanismes d'adaptation

Doter les enfants de mécanismes d'adaptation peut leur permettre de gérer leur anxiété. La respiration profonde, la relaxation musculaire progressive et la pleine conscience peuvent être très efficaces. Par exemple, apprendre à un enfant à respirer lentement et profondément lorsqu'il se sent anxieux peut aider à calmer son système nerveux. Vous pouvez pratiquer cela ensemble en comptant les inspirations et les expirations, créant ainsi un rituel apaisant.

Les activités de pleine conscience, comme se concentrer sur leurs sens ou sur des images guidées, peuvent également aider les enfants à rester ancrés dans le moment présent. Un exercice simple consiste à demander à l'enfant de fermer les yeux et de visualiser un endroit paisible, en décrivant ce qu'il voit, entend et ressent. Cette technique peut détourner leur esprit des pensées anxieuses et favoriser la relaxation.

Exposition progressive aux déclencheurs d'anxiété

L'exposition progressive aux déclencheurs d'anxiété, également appelée désensibilisation, peut aider les enfants à développer leur résilience. Cela implique d'exposer lentement et systématiquement l'enfant à la source de son anxiété de manière contrôlée et solidaire. Si un enfant a hâte de parler devant la classe, commencez par des étapes plus petites, comme pratiquer un court discours à la maison, parler devant quelques membres de la famille et travailler progressivement devant un public plus large.

Le but est d'aider l'enfant à affronter ses peurs sans se sentir dépassé. Célébrez les petites victoires en cours de route pour renforcer leur confiance. Chaque étape réussie renforce leur capacité à faire face, réduisant ainsi l'anxiété globale.

Renforcement positif et encouragement

Le renforcement positif peut avoir un impact significatif sur la capacité d'un enfant à gérer son anxiété. Reconnaissez et félicitez leurs efforts pour affronter leurs peurs et utiliser des stratégies d'adaptation. Des affirmations simples comme « Je suis fier de toi pour avoir essayé » ou « Vous avez fait un excellent travail dans cette situation » peuvent renforcer un comportement positif et motiver l'enfant à continuer d'utiliser des stratégies efficaces.

L'encouragement joue également un rôle essentiel. Veuillez encourager votre enfant à participer à des activités qu'il aime et dans lesquelles il se sent compétent, car la réussite dans ces domaines peut améliorer son estime de soi et réduire son anxiété. S'engager dans des passe-temps, des sports ou des activités créatives offre un exutoire sain à leurs émotions et contribue à renforcer la résilience.

Demander de l'aide professionnelle

Il y a des moments où une intervention professionnelle est nécessaire. Si l'anxiété d'un enfant a un impact significatif sur sa vie quotidienne, ses résultats scolaires ou ses interactions sociales, il est essentiel de demander l'aide d'un professionnel de la santé mentale. Les thérapeutes et les conseillers spécialisés dans l'anxiété pédiatrique peuvent proposer des stratégies et des interventions sur mesure.

La thérapie cognitivo-comportementale (TCC) est une approche courante et pratique. La TCC aide les enfants à identifier et à modifier les schémas de pensée et les comportements négatifs associés à l'anxiété. Par exemple, un enfant qui a peur des chiens pourrait apprendre à s'approcher progressivement des chiens et à interagir avec eux grâce à la TCC, réduisant ainsi sa peur au fil du temps.

Les parents devraient également envisager des groupes de soutien et des ateliers. Ces ressources offrent des informations précieuses et un sentiment de communauté, permettant aux parents de partager leurs expériences et d'apprendre d'autres personnes confrontées à des défis similaires.

Traverser l'anxiété avec un enfant est un voyage qui nécessite de la patience, de la compréhension et des stratégies proactives. Les parents et les tuteurs peuvent apporter un soutien essentiel en créant un environnement sûr et prévisible, en encourageant une communication ouverte, en enseignant des mécanismes d'adaptation et en recherchant l'aide d'un professionnel si nécessaire. Le parcours de chaque enfant est unique et, avec les outils et le soutien appropriés, il peut apprendre à gérer son anxiété et à s'épanouir. Nous pouvons aider les enfants à développer leur résilience et leur confiance grâce à des efforts constants et à de la compassion, leur garantissant ainsi un avenir meilleur et plus paisible.

Reconnaître quand l'anxiété d'un enfant nécessite l'aide d'un professionnel est une étape cruciale pour assurer son bien-être. Même si tous les enfants éprouvent parfois de l'inquiétude et de la peur, une anxiété persistante qui interfère avec la vie quotidienne nécessite un niveau d'intervention plus profond. Savoir quand et comment demander l'aide d'un professionnel peut faire une différence significative dans le parcours de santé mentale d'un enfant.

Reconnaître le besoin d'une aide professionnelle

Les parents et les tuteurs sont souvent les premiers à remarquer des changements dans le comportement d'un enfant. Lorsque l'anxiété d'un enfant est constante et a un impact sur sa capacité à fonctionner à la maison, à l'école ou dans un contexte social, il est temps d'envisager l'aide d'un professionnel. Les signes indiquant la nécessité d'une intervention professionnelle comprennent :

- **Anxiété persistante :** Si un enfant est constamment inquiet ou craintif pendant des semaines ou des mois, au-delà de ce qui est considéré comme normal pour son âge, cela peut être le signe d'un trouble anxieux.

- **Comportement d'évitement :** Lorsqu'un enfant évite fréquemment les activités, les lieux ou les personnes qui lui causent de l'anxiété, cet évitement peut limiter ses expériences et son développement.

- **Symptômes physiques :** Les plaintes physiques chroniques comme les maux de tête, les maux d'estomac ou la fatigue qui n'ont aucune explication médicale peuvent souvent être liées à l'anxiété.

- **Changements émotionnels et comportementaux :** Une irritabilité accrue, des difficultés de concentration, des changements dans les habitudes alimentaires ou de sommeil et des crises soudaines peuvent tous être des signaux d'alarme.

- **Déclin académique :** Une baisse notable des performances, une réticence à aller à l'école ou des difficultés à se concentrer sur les devoirs sont des indicateurs courants.

Types d'aide professionnelle

Une fois le besoin d'aide professionnelle reconnu, l'étape suivante consiste à déterminer le type de soutien qui répondra le mieux aux besoins de l'enfant. Plusieurs options sont disponibles, chacune offrant des approches et des avantages différents.

- **Pédiatres et médecins de famille** : Souvent le premier point de contact, ces prestataires de soins de santé peuvent effectuer des évaluations initiales et orienter les familles vers des spécialistes de la santé mentale.

- **Psychologues et thérapeutes pour enfants** : Ces professionnels se spécialisent dans le diagnostic et le traitement des troubles anxieux chez les enfants. Ils utilisent des techniques comme la thérapie cognitivo-comportementale (TCC), qui aident les enfants à gérer leur anxiété en modifiant les schémas de pensée et les comportements négatifs.

- **Psychiatres :** Dans les cas où des médicaments peuvent être nécessaires, les pédopsychiatres peuvent fournir des évaluations et prescrire des médicaments appropriés pour aider à gérer les symptômes d'anxiété sévères.

- **Conseillers scolaires et travailleurs sociaux :** Ces professionnels peuvent offrir un soutien en milieu scolaire, aidant les enfants à faire face à l'anxiété liée aux pressions scolaires et sociales.

Trouver le bon professionnel

Choisir le bon professionnel implique un examen et des recherches minutieux. Voici quelques étapes pour vous aider à guider ce processus :

- **Rechercher des recommandations :** Demandez des recommandations à votre pédiatre, médecin de famille ou conseiller scolaire. Les amis, la famille et les groupes de soutien locaux peuvent également fournir de précieuses références.

- **Titres de recherche :** Assurez-vous que le professionnel est agréé et a de l'expérience avec les enfants. Recherchez des spécialistes formés aux troubles anxieux pédiatriques.

- **Consultation initiale** : Planifiez une consultation pour discuter des symptômes de votre enfant et des options de traitement. Cette réunion peut aider à déterminer si le professionnel correspond bien aux besoins de votre enfant.

- **Confort et rapport** : Il est essentiel que votre enfant se sente à l'aise avec le professionnel. Une bonne relation peut avoir un impact significatif sur l'efficacité du traitement.

À quoi s'attendre de l'aide d'un professionnel

L'aide professionnelle commence généralement par une évaluation visant à comprendre l'anxiété de l'enfant et son impact. Cela peut inclure des entretiens avec l'enfant et les parents, des questionnaires et parfois des observations dans différents contextes.

- **Plans de traitement** : Le professionnel élaborera un plan de traitement adapté aux besoins de l'enfant en fonction de l'évaluation. Ce plan peut inclure des séances de thérapie, des stratégies d'adaptation et, si nécessaire, des médicaments.

- **Thérapie cognitivo-comportementale (TCC)** : La TCC est l'un des traitements les plus efficaces contre l'anxiété infantile. Il s'agit d'aider l'enfant à identifier et à combattre ses pensées négatives et à affronter progressivement ses peurs grâce à une exposition contrôlée.

- **Implication familiale** : Le traitement implique souvent les membres de la famille, leur proposant des stratégies pour soutenir l'enfant à la maison. Les séances de thérapie familiale peuvent également aborder toute dynamique susceptible de contribuer à l'anxiété de l'enfant.

Il y a eu le cas d'une fillette de 10 ans nommée Lily, qui souffrait d'une grave anxiété de séparation. Elle refusait d'aller à l'école et s'accrochait constamment à ses parents. Après que son pédiatre l'ait orientée vers un psychologue pour enfants, Lily a commencé la TCC. Pendant plusieurs mois, elle a appris à gérer son anxiété grâce à des exercices de respiration profonde et a progressivement augmenté le temps passé loin de ses parents. Ses parents ont également participé à une thérapie, apprenant comment soutenir ses progrès. L'anxiété de Lily a été considérablement réduite et elle a pu retourner à l'école en toute confiance.

Demander l'aide d'un professionnel peut être intimidant, mais c'est une étape cruciale dans la gestion de l'anxiété infantile. Une intervention précoce peut empêcher l'anxiété de s'aggraver et d'interférer avec le développement d'un enfant. En reconnaissant les signes, en choisissant le bon professionnel et en participant activement au processus de traitement, les parents et les tuteurs peuvent aider leurs enfants à surmonter l'anxiété et à jeter les bases d'un avenir plus sain.

Avec un soutien approprié, les enfants peuvent apprendre à gérer leur anxiété, ce qui mènera à un meilleur bien-être et à un avenir meilleur. Les parents et les tuteurs jouent un rôle central dans ce parcours, en fournissant les conseils et le soutien nécessaires pour garantir que leur enfant reçoive l'aide dont il a besoin.

CHAPITRE TROIS : TROUBLES DE L'HUMEUR CHEZ L'ENFANT

Les troubles de l'humeur chez les enfants impliquent de reconnaître leurs symptômes, de comprendre leur impact et de savoir comment leur apporter un soutien adéquat. Les troubles de l'humeur, comme la dépression et le trouble bipolaire, peuvent se manifester de diverses manières. Les enfants peuvent présenter une tristesse persistante, de l'irritabilité ou des sautes d'humeur plus intenses que les réponses émotionnelles typiques. Ces symptômes peuvent affecter considérablement leur vie quotidienne, rendant difficile la participation à l'école, aux activités sociales et aux interactions familiales.

L'impact des troubles de l'humeur s'étend au-delà de l'enfant, affectant sa dynamique familiale et sociale. Un enfant souffrant de dépression peut se retirer de ses amis et de sa famille, ce qui entraîne des sentiments d'isolement et de solitude. Leurs résultats scolaires peuvent diminuer en raison de difficultés de concentration, d'un manque de motivation ou d'absences fréquentes. Par exemple, un enfant qui était autrefois enthousiasmé par l'école peut commencer à se désintéresser et à avoir du mal à suivre ses devoirs, ce qui suscite l'inquiétude des enseignants et des parents.

Construire un environnement stable est crucial pour les enfants souffrant de troubles de l'humeur. Un foyer de soutien peut offrir sécurité et cohérence, qui sont essentielles à la gestion de leurs symptômes. Les parents et les tuteurs doivent établir des routines régulières, offrir un soutien émotionnel et communiquer ouvertement. Créer un horaire quotidien prévisible peut aider à réduire le stress et à fournir une structure, ce qui est particulièrement bénéfique pour les enfants qui peuvent se sentir dépassés par leurs émotions.

Les options de traitement des troubles de l'humeur chez les enfants impliquent souvent une combinaison de thérapies, de médicaments et d'approches holistiques. La thérapie cognitivo-comportementale (TCC) est couramment utilisée pour aider les enfants à comprendre et à gérer leurs émotions en modifiant les schémas de pensée négatifs. La thérapie familiale peut également être bénéfique, car elle aborde la dynamique qui peut contribuer à l'état de l'enfant et contribue à améliorer la communication et le soutien au sein de la famille.

Dans certains cas, des médicaments peuvent être nécessaires pour gérer les symptômes graves. Des antidépresseurs et des stabilisateurs de l'humeur peuvent être prescrits, mais il est essentiel de surveiller de près leurs effets et d'ajuster le plan de traitement si nécessaire. Les médicaments peuvent coûter entre 30 et 200 dollars par mois, selon le type et la posologie. Consulter un pédopsychiatre peut garantir que les médicaments sont utilisés de manière sûre et efficace.

Des approches holistiques telles que la pleine conscience, l'exercice et la nutrition peuvent compléter les traitements traditionnels. Encourager les enfants à pratiquer des activités physiques, à pratiquer des techniques de relaxation et à maintenir une alimentation équilibrée peut améliorer leur bien-être général. Par exemple, il a été démontré que l'exercice régulier améliore l'humeur et réduit les symptômes de dépression et d'anxiété.

La lutte contre les troubles de l'humeur chez les enfants implique une approche multidimensionnelle qui comprend la reconnaissance des symptômes, la compréhension de leur impact, la fourniture d'un environnement stable et favorable et l'exploration de diverses options de traitement. En intégrant la thérapie, les médicaments et les stratégies holistiques, les parents et les tuteurs peuvent aider les enfants à gérer leurs troubles de l'humeur et à améliorer leur qualité de vie. L'objectif est de garantir que les enfants reçoivent le soutien nécessaire pour s'épanouir émotionnellement, socialement et académiquement, favorisant ainsi un avenir plus sain et plus équilibré.

Les troubles de l'humeur chez les enfants peuvent être difficiles à identifier, mais une reconnaissance précoce est cruciale pour une intervention et un soutien efficaces. Contrairement aux adultes, les enfants n'ont peut-être pas les mots pour exprimer leurs sentiments, ce qui rend essentiel que les parents, les enseignants et les tuteurs soient vigilants lorsqu'ils observent les changements de comportement et d'émotions. Comprendre les symptômes et les signes des troubles de l'humeur tels que la dépression et le trouble bipolaire est la première étape pour aider les enfants à gérer ces conditions.

Reconnaître la dépression chez les enfants

La dépression chez les enfants se manifeste souvent différemment que chez les adultes. Alors que les adultes peuvent paraître tristes ou renfermés, les enfants souffrant de dépression peuvent montrer une irritabilité, une colère ou une frustration accrues face à des problèmes apparemment mineurs. Ils peuvent également manifester un manque d'intérêt pour les activités qu'ils appréciaient autrefois, comme jouer avec des amis, participer à des sports ou s'adonner à des passe-temps. Par exemple, un enfant qui aimait le football pourrait soudainement refuser d'assister à des entraînements ou à des matchs sans raison.

D'autres signes de dépression chez les enfants comprennent des modifications de l'appétit et des habitudes de sommeil. Certains enfants peuvent subir une perte d'appétit, entraînant une perte de poids, tandis que d'autres peuvent trop manger, entraînant une prise de poids. Les troubles du sommeil sont également fréquents, certains enfants ayant des difficultés à s'endormir, à rester endormis ou à dormir excessivement. Ces symptômes physiques peuvent avoir un impact significatif sur leur routine quotidienne et leur santé globale.

Sur le plan scolaire, la dépression peut entraîner une baisse notable des performances. Un enfant qui excellait auparavant à l'école peut commencer à manquer ses devoirs, à montrer un manque de concentration ou à éviter complètement l'école. Les enseignants peuvent observer l'enfant rêver, avoir du mal à suivre les instructions ou demander fréquemment à se rendre au bureau de l'infirmière.

Identifier le trouble bipolaire chez les enfants

Des sautes d'humeur extrêmes, notamment des périodes de manie et de dépression, caractérisent le trouble bipolaire. Ces sautes d'humeur peuvent être difficiles à reconnaître chez les enfants, car elles se chevauchent souvent avec des changements développementaux typiques. Cependant, l'intensité et la durée de ces changements d'humeur sont des indicateurs vitaux.

Pendant les épisodes maniaques, les enfants peuvent afficher des niveaux d'énergie, une bavardage et des comportements à risque inhabituellement élevés. Ils peuvent paraître trop heureux ou euphoriques sans raison claire, avoir une estime de soi gonflée et se livrer à des activités qui ne leur correspondent pas, comme dépenser de grosses sommes d'argent ou prendre des risques physiques. Par exemple, un enfant pourrait tenter des cascades dangereuses sur son vélo, sans se soucier de sa sécurité.

À l'inverse, les épisodes dépressifs du trouble bipolaire peuvent refléter les symptômes d'une dépression majeure, l'enfant se sentant extrêmement triste, désespéré ou fatigué. Ces sautes d'humeur peuvent être rapides, survenant parfois au cours de la même journée, ce qui ajoute à la complexité du diagnostic. Il est important de noter que ces épisodes peuvent perturber considérablement la capacité de l'enfant à fonctionner dans la vie quotidienne, affectant ses relations, ses résultats scolaires et son bien-être général.

Indicateurs comportementaux et émotionnels

Au-delà des sautes d'humeur spécifiques, il existe d'autres indicateurs comportementaux et émotionnels des troubles de l'humeur chez les enfants. Des sentiments persistants d'inutilité ou de culpabilité excessive sont des signaux d'alarme, surtout sans raison apparente. Un enfant peut exprimer des pensées telles que « Je ne suis pas bon » ou « Tout est de ma faute », même lorsque ces sentiments ne sont pas fondés sur la réalité.

Les comportements d'automutilation, comme se couper ou se gratter, et les pensées de mort ou de suicide sont des indicateurs sérieux qui nécessitent une attention immédiate. Si un enfant parle de vouloir mourir, donne des biens précieux ou devient soudainement très calme après une période de détresse, ce sont des signes qu'il envisage peut-être de se suicider. Il est essentiel de prendre ces signes au sérieux et de demander immédiatement l'aide d'un professionnel.

Changements sociaux et interactionnels

Le retrait social est un autre signe important de troubles de l'humeur. Les enfants souffrant de troubles de l'humeur peuvent s'éloigner de leurs amis et de leur famille, préférant passer du temps seuls. Ils peuvent éviter les activités sociales, les fêtes ou les sorties de jeu auparavant agréables. Ce retrait peut être un mécanisme d'adaptation pour faire face à des sentiments accablants, mais conduit souvent à un isolement et une solitude accrus.

Les changements de comportement envers les autres peuvent également être révélateurs. Un enfant habituellement bien élevé peut devenir provocateur, argumentatif ou oppositionnel. Ces changements de comportement peuvent mettre à rude épreuve les relations familiales et conduire à des mesures disciplinaires à l'école, exacerbant encore davantage les difficultés émotionnelles de l'enfant.

Demander de l'aide professionnelle

Si vous observez ces symptômes et signes chez un enfant, il est crucial de demander l'aide d'un professionnel. Les pédiatres, les psychologues pour enfants et les psychiatres peuvent fournir des évaluations complètes et élaborer des plans de traitement adaptés aux besoins de l'enfant. Le traitement peut inclure une thérapie, telle que la thérapie cognitivo-comportementale (TCC), qui aide les enfants à développer des façons de penser et de se comporter plus saines. Des médicaments peuvent parfois être nécessaires pour aider à gérer efficacement les symptômes.

Une intervention précoce est essentielle pour aider les enfants souffrant de troubles de l'humeur à mener une vie saine et équilibrée. En reconnaissant les signes et en recherchant un soutien professionnel en temps opportun, les parents et les tuteurs peuvent avoir un impact significatif sur la santé mentale et le développement global de leur enfant.

Les troubles de l'humeur chez les enfants, tels que la dépression et le trouble bipolaire, peuvent profondément affecter leur vie quotidienne, influençant tout, depuis les résultats scolaires jusqu'aux interactions sociales et à la dynamique familiale. Comprendre ces impacts est crucial pour fournir le soutien et les interventions nécessaires pour aider ces enfants à mener une vie plus équilibrée et épanouissante.

Défis académiques

L'un des impacts les plus visibles des troubles de l'humeur concerne les résultats scolaires de l'enfant. Les enfants souffrant de troubles de l'humeur ont souvent des difficultés de concentration, de mémoire et de motivation, ce qui les empêche de suivre leurs devoirs scolaires. Par exemple, un enfant souffrant de dépression peut avoir du mal à se concentrer pendant les cours, ce qui entraîne une baisse de ses notes. Ils peuvent également se sentir dépassés par les devoirs, ce qui entraîne des délais non respectés et des devoirs incomplets. De même, lors d'épisodes dépressifs, un enfant atteint de trouble bipolaire peut avoir peu d'énergie ou d'intérêt pour l'école, ce qui affecte sa capacité à participer et à obtenir de bons résultats.

Lors d'épisodes maniaques, l'inverse peut se produire. Un enfant peut se sentir trop énergique et distrait, incapable de rester assis ou de se concentrer sur ses tâches. Cela peut perturber leur apprentissage et l'environnement de la classe, ce qui rend la tâche difficile à gérer pour les enseignants. Ces difficultés scolaires peuvent conduire à des sentiments de frustration et d'impuissance, aggravant encore les troubles de l'humeur de l'enfant.

Interactions sociales

Les troubles de l'humeur peuvent avoir un impact significatif sur la capacité d'un enfant à interagir avec ses pairs. Le retrait social est courant, en particulier chez les enfants souffrant de dépression. Ils peuvent éviter les activités sociales, s'isoler de leurs amis et avoir des difficultés à nouer ou à entretenir des relations. Cet isolement peut conduire à la solitude et au sentiment d'être incompris, ce qui peut aggraver encore davantage leur dépression.

En revanche, lors d'épisodes maniaques, un enfant atteint de trouble bipolaire peut devenir trop sociable et bavard et adopter des comportements à risque sans considérer les conséquences. Cela peut mettre à rude épreuve les amitiés et conduire à des conflits sociaux. Par exemple, un enfant peut interrompre les conversations, dominer les activités ludiques ou prendre des risques inutiles pendant les jeux de groupe, provoquant ainsi des tensions entre pairs.

La nature fluctuante de ces troubles peut dérouter et aliéner les pairs, qui peuvent ne pas comprendre pourquoi leur ami se comporte différemment d'un jour à l'autre. Cette incohérence peut conduire au harcèlement ou à l'exclusion, isolant davantage l'enfant et augmentant sa détresse émotionnelle.

Dynamique familiale

L'impact des troubles de l'humeur s'étend à la vie familiale, affectant les relations et les routines quotidiennes. Les parents, les frères et sœurs peuvent ressentir la pression de faire face aux sautes d'humeur et aux changements de comportement imprévisibles d'un enfant. Par exemple, un enfant souffrant de dépression peut fréquemment se retirer des activités familiales, créant ainsi un sentiment de déconnexion au sein du foyer. Les parents peuvent se sentir impuissants ou frustrés, ne sachant pas comment soutenir efficacement leur enfant.

Lors d'épisodes maniaques, l'hyperactivité et l'impulsivité de l'enfant peuvent perturber les routines familiales et créer du stress. Par exemple, un enfant peut rester éveillé toute la nuit à parler ou à participer à des activités, perturbant ainsi le sommeil et les horaires des autres membres de la famille. Les frères et sœurs peuvent se sentir négligés ou éprouver du ressentiment en raison de l'attention et des soins requis par l'enfant concerné.

Les familles doivent souvent adapter leurs routines et leurs stratégies de communication pour répondre aux besoins de l'enfant. Cela peut impliquer de créer un environnement structuré, d'établir des attentes claires et de recourir à une thérapie familiale pour améliorer la compréhension et le soutien au sein du foyer.

Bien-être émotionnel

Le bien-être émotionnel d'un enfant souffrant d'un trouble de l'humeur est souvent en pleine évolution. La dépression peut entraîner des sentiments d'inutilité, de désespoir et un sentiment omniprésent de tristesse. Ces émotions peuvent être accablantes et affecter l'estime de soi et les perspectives de l'enfant. Par exemple, un enfant peut exprimer le sentiment de « ne pas être bon » ou croire que les choses ne s'amélioreront jamais, ce qui peut avoir de graves conséquences sur sa motivation et son engagement dans les activités quotidiennes.

Le trouble bipolaire ajoute une autre couche de complexité avec son alternance de périodes de dépression et de manie. Lors d'épisodes maniaques, un enfant peut se sentir invincible, trop confiant et adopter des comportements à risque sans craindre les conséquences. Cela peut conduire à des situations qui mettent leur sécurité en danger, comme tenter des cascades dangereuses ou se livrer à des activités imprudentes.

Les troubles émotionnels constants peuvent empêcher les enfants de développer une estime de soi stable et de gérer efficacement leurs émotions. Cela les expose également au risque de développer des problèmes concomitants tels que des troubles anxieux, la toxicomanie ou des comportements d'automutilation.

Demander de l'aide

Compte tenu de l'impact profond des troubles de l'humeur sur la vie quotidienne d'un enfant, il est essentiel de demander l'aide d'un professionnel. Une intervention précoce peut donner à l'enfant les outils et le soutien nécessaires pour gérer ses symptômes et améliorer sa qualité de vie. Les options de traitement comprennent une thérapie, telle que la thérapie cognitivo-comportementale (TCC), qui aide les enfants à développer des stratégies d'adaptation et à modifier leurs schémas de pensée négatifs. Des médicaments peuvent également être prescrits pour aider à stabiliser les sautes d'humeur et à soulager les symptômes de dépression ou de manie.

Les écoles peuvent jouer un rôle essentiel en fournissant des aménagements et un soutien, comme des délais prolongés, un lieu de travail calme ou des services de conseil supplémentaires. Les enseignants et les conseillers scolaires peuvent travailler avec les parents et les professionnels de la santé mentale pour créer un plan éducatif individualisé (PEI) qui répond aux besoins de l'enfant.

Les troubles de l'humeur peuvent perturber tous les aspects de la vie quotidienne d'un enfant, depuis ses résultats scolaires et ses interactions sociales jusqu'à la dynamique familiale et son bien-être émotionnel. La reconnaissance et l'intervention précoces sont essentielles pour atténuer les effets des troubles de l'humeur et aider les enfants à développer la résilience et les compétences dont ils ont besoin pour s'épanouir. Comprenant ces impacts et recherchant l'aide appropriée, les parents et les tuteurs peuvent fournir le soutien nécessaire à leurs enfants pour surmonter ces défis et construire un avenir plus stable et épanouissant.

Créer un environnement stable et favorable est essentiel pour les enfants confrontés à des troubles de l'humeur. Un système de soutien bien structuré peut améliorer considérablement leur bien-être émotionnel et les aider à gérer plus efficacement leurs symptômes. Cela implique la famille immédiate, les écoles, les prestataires de soins de santé et la communauté au sens large.

Le rôle de la famille

La famille est la pierre angulaire du système de soutien à l'enfant. Les parents et les tuteurs jouent un rôle crucial dans la création d'un environnement familial stable qui favorise la sécurité émotionnelle. La cohérence et la routine sont des éléments clés. Des horaires quotidiens réguliers pour des activités telles que les repas, les devoirs et l'heure du coucher peuvent procurer un sentiment de prévisibilité qui contribue à réduire l'anxiété et le stress. Par exemple, une routine cohérente au coucher qui comprend des activités comme lire un livre ou avoir une conversation calme peut signaler à l'enfant qu'il est temps de se détendre, ce qui lui permet de s'endormir plus facilement.

Une communication ouverte au sein de la famille est tout aussi importante. Encourager les enfants à exprimer leurs sentiments et leurs pensées sans crainte d'être jugés les aide à se sentir compris et soutenus. L'écoute active est vitale lorsque les parents accordent toute leur attention et reconnaissent les émotions de leur enfant. Des phrases telles que « Je comprends que tu te sens bouleversé » ou « C'est normal de ressentir cela » peuvent valider leurs émotions et renforcer la confiance.

Les familles devraient également se renseigner sur les troubles de l'humeur afin de mieux comprendre les expériences de leur enfant. La connaissance de la maladie, de ses symptômes et des options de traitement peut permettre aux parents de prendre des décisions éclairées et de défendre efficacement les besoins de leur enfant. Les groupes de soutien pour les parents d'enfants souffrant de troubles de l'humeur peuvent fournir des informations précieuses et un sentiment de communauté.

L'école comme système de soutien

Les écoles jouent un rôle essentiel dans le soutien aux enfants souffrant de troubles de l'humeur. Les enseignants et les conseillers scolaires peuvent créer un environnement éducatif favorable en proposant des aménagements adaptés aux besoins de l'enfant. Par exemple, accorder plus de temps pour les devoirs, un espace calme pour les tests ou autoriser des pauses pendant la journée scolaire peut aider à gérer le stress et à améliorer les résultats scolaires.

La collaboration entre les parents et le personnel de l'école est essentielle. Des réunions régulières pour discuter des progrès de l'enfant et des ajustements nécessaires à son plan éducatif individualisé (PEI) garantissent que les stratégies de soutien restent efficaces. Les écoles peuvent également proposer des ressources telles que des services de conseil et des groupes de soutien par les pairs pour aider les enfants à se sentir moins isolés et plus connectés.

Assistance professionnelle

Les prestataires de soins de santé, notamment les pédiatres, les psychologues pour enfants et les psychiatres, sont des membres essentiels du système de soutien à l'enfant. Ils peuvent offrir des conseils professionnels sur la gestion des troubles de l'humeur par le biais d'une thérapie, de médicaments ou d'une combinaison. Des séances de thérapie régulières offrent aux enfants un espace sûr où ils peuvent explorer leurs sentiments et développer des stratégies d'adaptation. Par exemple, la thérapie cognitivo-comportementale (TCC) aide les enfants à identifier et à modifier les schémas de pensée et les comportements négatifs.

Des médicaments peuvent être nécessaires chez certains enfants pour stabiliser leurs sautes d'humeur et atténuer les symptômes graves. Les parents doivent travailler en étroite collaboration avec les prestataires de soins de santé pour surveiller l'efficacité du médicament et apporter les ajustements nécessaires. Des suivis réguliers garantissent que le plan de traitement s'aligne sur les besoins évolutifs de l'enfant.

Ressources communautaires

La communauté au sens large offre également des ressources qui peuvent soutenir les enfants souffrant de troubles de l'humeur. Les centres communautaires proposent souvent des programmes et des activités récréatives qui favorisent l'interaction sociale et le bien-être physique, tous deux bénéfiques pour la santé mentale. La participation à des sports, des arts ou d'autres activités de groupe peut aider les enfants à développer leur estime de soi, à développer des amitiés et à se sentir accomplis.

Les groupes de soutien pour enfants souffrant de troubles de l'humeur offrent une plateforme pour partager des expériences et apprendre d'autres personnes confrontées à des défis similaires. Ces groupes peuvent réduire le sentiment d'isolement et offrir des conseils pratiques pour faire face aux difficultés quotidiennes. Par exemple, un groupe de soutien local peut organiser des événements au cours desquels les enfants peuvent interagir dans un environnement sûr et compréhensif, les aidant ainsi à développer leurs compétences sociales et leur confiance en eux.

Renforcer la résilience

Outre les systèmes de soutien externes, l'enseignement de la résilience aux enfants est crucial. La résilience permet aux enfants de faire face aux revers et de s'en remettre. Les parents et les tuteurs peuvent favoriser la résilience en encourageant les compétences en résolution de problèmes, en promouvant un état d'esprit positif et en aidant les enfants à se fixer des objectifs réalistes. Célébrer les petites réalisations et mettre l'accent sur l'effort plutôt que sur le résultat peut renforcer la confiance et la motivation d'un enfant.

Les techniques de pleine conscience et de relaxation, telles que les exercices de respiration profonde, le yoga ou la méditation, peuvent également gérer efficacement le stress et l'anxiété. L'intégration de ces pratiques dans les routines quotidiennes peut aider les enfants à développer des mécanismes d'adaptation sains qu'ils peuvent utiliser.

Créer un environnement stable et favorable pour les enfants souffrant de troubles de l'humeur nécessite une approche globale impliquant la famille, l'école, les prestataires de soins de santé et la communauté. Créer des routines cohérentes, favoriser une communication ouverte et utiliser les ressources professionnelles et communautaires, les parents et les tuteurs peuvent fournir aux enfants les bases dont ils ont besoin pour gérer efficacement leurs troubles de l'humeur. Enseigner la résilience et promouvoir des stratégies d'adaptation saines permet aux enfants de relever les défis et de s'épanouir. Cette approche holistique garantit que les enfants reçoivent le soutien dont ils ont besoin pour mener une vie équilibrée et épanouissante.

Lorsqu'il s'agit de traiter les troubles de l'humeur chez les enfants, une approche multidimensionnelle est souvent la plus efficace. La combinaison de thérapies, de médicaments et d'approches holistiques peut aborder les différents aspects de ces troubles, en offrant un soutien complet pour aider les enfants à gérer leurs symptômes et à améliorer leur qualité de vie. Chaque option de traitement apporte des avantages uniques et, lorsqu'elle est utilisée ensemble, peut fournir un plan complet adapté aux besoins de l'enfant.

Thérapie

La thérapie est la pierre angulaire du traitement des troubles de l'humeur chez les enfants. Différentes approches thérapeutiques peuvent être employées, selon les besoins spécifiques de l'enfant et la nature de son trouble de l'humeur. La thérapie cognitivo-comportementale (TCC) est l'une des méthodes les plus utilisées. La TCC aide les enfants à identifier et à remettre en question les schémas de pensée et les comportements négatifs, en les remplaçant par des comportements plus sains. Par exemple, un enfant souffrant de dépression pourrait apprendre à reconnaître et à recadrer des pensées comme « Je ne peux rien faire de bien » en pensées plus positives et réalistes comme « J'ai fait une erreur, mais je peux réessayer ».

Une autre thérapie efficace est la thérapie interpersonnelle (IPT), qui se concentre sur l'amélioration des relations et des capacités de communication de l'enfant. Le TPI peut être particulièrement utile pour les enfants dont les troubles de l'humeur sont liés aux interactions sociales ou à la dynamique familiale. Par exemple, un enfant souffrant d'anxiété sociale peut mettre en pratique ses compétences conversationnelles et ses stratégies pour renforcer sa confiance dans un contexte social.

La thérapie familiale est également essentielle, car elle implique toute la famille dans le processus de traitement. Cette thérapie aide les membres de la famille à comprendre l'état de l'enfant, améliore la communication et favorise un environnement familial favorable. Cela peut être particulièrement bénéfique lorsque la dynamique familiale contribue au trouble de l'humeur de l'enfant, fournissant une plateforme pour aborder et résoudre les problèmes sous-jacents.

Médicament

Dans certains cas, des médicaments peuvent être nécessaires pour gérer les symptômes des troubles de l'humeur chez les enfants. Les médicaments peuvent aider à stabiliser les sautes d'humeur, à réduire les symptômes de dépression et d'anxiété et à améliorer le fonctionnement général. Les inhibiteurs sélectifs du recaptage de la sérotonine (ISRS), tels que la fluoxétine (Prozac) et la sertraline (Zoloft), sont couramment prescrits pour la dépression et les troubles anxieux. Ces médicaments agissent en augmentant les niveaux de sérotonine dans le cerveau, ce qui peut aider à améliorer l'humeur et la régulation émotionnelle.

Pour les enfants atteints de trouble bipolaire, des stabilisateurs de l'humeur comme le lithium ou des anticonvulsivants comme le valproate peuvent être prescrits pour contrôler les épisodes maniaques et dépressifs. Il est important de noter qu'un professionnel de la santé doit surveiller constamment de près les médicaments pour garantir leur efficacité et gérer les effets secondaires potentiels. Des rendez-vous de suivi réguliers sont cruciaux pour ajuster les posologies et répondre à toute préoccupation pouvant survenir.

Bien que les médicaments puissent constituer un élément précieux du traitement, ils sont souvent plus efficaces lorsqu'ils sont associés à une thérapie. Les médicaments peuvent aider à gérer les aspects biologiques des troubles de l'humeur, tandis que la thérapie aborde les composantes psychologiques et comportementales.

Approches holistiques

Les approches holistiques du traitement des troubles de l'humeur se concentrent sur l'enfant dans son ensemble, en tenant compte de son bien-être physique, émotionnel et social. Ces approches peuvent compléter les traitements traditionnels et fournir des outils supplémentaires pour gérer les symptômes.

Les techniques de pleine conscience et de relaxation sont des méthodes holistiques populaires. La pleine conscience consiste à apprendre aux enfants à être présents dans l'instant présent et à être conscients de leurs pensées et de leurs sentiments sans jugement. Des pratiques telles que la respiration profonde, la méditation et l'imagerie guidée peuvent aider à réduire le stress et l'anxiété. Un enfant anxieux peut utiliser des exercices de respiration profonde pour calmer son système nerveux avant un événement stressant comme un exposé scolaire.

L'activité physique régulière est une autre approche holistique essentielle. Il a été démontré que l'exercice physique présente de nombreux avantages pour la santé mentale, notamment la réduction des symptômes de dépression et d'anxiété. Des activités telles que la natation, le vélo ou même une marche quotidienne peuvent améliorer l'humeur en augmentant la production d'endorphines, les substances chimiques naturelles de « bien-être » du corps.

La nutrition joue également un rôle dans la santé mentale. Une alimentation équilibrée comprenant beaucoup de fruits, de légumes, de grains entiers et de protéines maigres peut favoriser le bien-être général. Les acides gras oméga-3, présents dans les poissons comme le saumon et dans les suppléments, ont été associés à une amélioration de l'humeur et de la fonction cognitive.

L'art et la musicothérapie sont des approches créatives et holistiques qui peuvent aider les enfants à exprimer leurs émotions de manière non verbale. Ces thérapies peuvent être bénéfiques pour les enfants qui ont du mal à exprimer leurs sentiments. La création artistique peut procurer un sentiment d'accomplissement et permettre d'exprimer ses émotions, tandis que la musicothérapie peut aider à réduire le stress et à améliorer la régulation émotionnelle.

Approches intégrées

Les plans de traitement les plus efficaces intègrent souvent une thérapie, des médicaments et des approches holistiques pour fournir des soins complets. Par exemple, un enfant souffrant de dépression peut prendre un ISRS pour gérer ses symptômes, assister à des séances de TCC pour lutter contre les schémas de pensée négatifs et participer à un cours de yoga hebdomadaire pour favoriser la relaxation et le bien-être physique.

Les parents et les tuteurs doivent travailler en étroite collaboration avec les prestataires de soins de santé pour élaborer un plan de traitement personnalisé. Une communication et une collaboration régulières entre toutes les parties garantissent que l'enfant reçoit des soins cohérents et coordonnés.

Le traitement des troubles de l'humeur chez les enfants nécessite une approche multiforme combinant thérapie, médicaments et méthodes holistiques. Chaque composant joue un rôle crucial dans la lutte contre différents aspects de la maladie, en fournissant un soutien complet pour aider les enfants à gérer leurs symptômes et à mener une vie épanouie. En intégrant ces options de traitement, les parents et les tuteurs peuvent créer un environnement favorable et efficace qui favorise la guérison et la croissance de leurs enfants.

CHAPITRE QUATRE : LA SCHIZOPHRÉNIE CHEZ LES ENFANTS

La schizophrénie chez les enfants est une maladie complexe et souvent mal comprise, qui nécessite une reconnaissance précoce et une prise en charge prudente pour garantir les meilleurs résultats. Comprendre les premiers signes et symptômes est crucial. Les enfants atteints de schizophrénie peuvent avoir des hallucinations, des délires et une pensée désorganisée. Ils peuvent entendre des voix qui n'existent pas, croire des choses qui ne sont pas vraies ou avoir du mal à organiser leurs pensées et leurs comportements de manière cohérente. Ces symptômes peuvent être particulièrement difficiles à identifier chez les enfants, car ils peuvent être confondus avec une imagination débordante ou des changements de développement réguliers.

Le défi du diagnostic de la schizophrénie chez les enfants consiste à la différencier des autres troubles de santé mentale. Les symptômes peuvent se chevaucher avec des affections telles que les troubles du spectre autistique, l'anxiété sévère et les troubles de l'humeur, ce qui rend difficile un diagnostic précis. Par exemple, un enfant présentant un comportement renfermé et des difficultés sociales pourrait être suspecté d'être autiste plutôt que schizophrène. Cela nécessite souvent des évaluations approfondies par des spécialistes en pédopsychiatrie, intégrant des antécédents médicaux détaillés, des observations comportementales et parfois des études de neuroimagerie pour parvenir à un diagnostic concluant.

La gestion quotidienne de la schizophrénie implique la création de routines et de structures qui assurent stabilité et prévisibilité. Un horaire quotidien cohérent peut aider à atténuer certains des effets perturbateurs du trouble. Par exemple, des heures de repas régulières, des horaires scolaires et des routines au coucher peuvent aider les enfants à se sentir plus en sécurité et réduire le chaos qui peut exacerber les symptômes. Les familles peuvent travailler ensemble pour créer un environnement favorable qui encourage le respect des plans de traitement et favorise un sentiment de normalité.

Les soins de longue durée pour les enfants atteints de schizophrénie se concentrent sur l'élaboration d'un plan de traitement durable qui répond à la fois aux symptômes immédiats et aux besoins futurs. Ce plan comprend généralement une combinaison de médicaments et de thérapie. Les antipsychotiques sont souvent prescrits pour gérer les symptômes tels que les hallucinations et les délires, avec une surveillance étroite pour ajuster les doses et gérer les effets secondaires. Ces médicaments peuvent varier, coûtant en moyenne entre 50 et 150 dollars par mois, selon le médicament spécifique et la posologie requise.

Les interventions thérapeutiques, telles que la thérapie cognitivo-comportementale (TCC) et la thérapie familiale, sont également essentielles. La TCC peut aider les enfants à développer des stratégies d'adaptation pour faire face à leurs symptômes, tandis que la thérapie familiale consiste à informer les membres de la famille sur le trouble et à améliorer la communication et le soutien au sein du foyer. L'intégration d'un soutien éducatif est également cruciale, car elle garantit que l'environnement scolaire de l'enfant répond à ses besoins et l'aide à réaliser son potentiel scolaire.

La création d'une stratégie de soins de longue durée implique également de planifier les transitions vers l'âge adulte. À mesure que les enfants atteints de schizophrénie grandissent, leurs besoins évoluent. Il est essentiel d'élaborer des plans pour l'éducation continue, la formation professionnelle et les compétences nécessaires à la vie autonome. La coordination avec divers services de soutien et assurer un continuum de soins peut contribuer à faciliter ces transitions, favorisant ainsi une vie plus stable et épanouissante.

Dans l'ensemble, la gestion de la schizophrénie chez les enfants nécessite une approche holistique et proactive. En comprenant les premiers signes, en diagnostiquant avec précision le trouble, en établissant des routines quotidiennes structurées et en élaborant des plans complets de soins à long terme, les familles et les prestataires de soins de santé peuvent aider les enfants atteints de schizophrénie à relever leurs défis plus efficacement. Grâce à un soutien continu et à des interventions adaptées, il est possible d'améliorer leur qualité de vie et de garantir qu'ils reçoivent les soins et les opportunités dont ils ont besoin pour s'épanouir.

La schizophrénie chez les enfants est un problème de santé mentale rare mais grave qui a un impact significatif sur la pensée, le comportement et le fonctionnement émotionnel de l'enfant. L'identification précoce des signes et symptômes est cruciale pour une intervention rapide et une prise en charge efficace. Reconnaître ces premiers indicateurs peut être difficile, car ils se chevauchent souvent avec d'autres problèmes de développement et de comportement.

Premiers signes de schizophrénie

Les premiers signes de la schizophrénie chez les enfants, également appelés symptômes prodromiques, peuvent être subtils et facilement négligés. L'un des premiers signes les plus courants est une baisse notable des résultats scolaires. Un enfant qui avait auparavant de bons résultats à l'école peut commencer à avoir des difficultés de concentration, à présenter une pensée désorganisée et à manquer de motivation. Par exemple, un enfant peut commencer à manquer ses devoirs, avoir besoin d'aide pour suivre les instructions ou paraître désengagé pendant les cours.

Le retrait social est un autre signe précoce important. Les enfants atteints de schizophrénie émergente peuvent commencer à s'isoler de leurs amis et de leur famille. Ils pourraient éviter les interactions sociales, préférant passer du temps seuls. Cela peut être particulièrement préoccupant si l'enfant était auparavant sociable et engagé. Les parents peuvent remarquer que leur enfant ne veut plus participer à des activités qu'il appréciait autrefois, comme jouer avec des amis ou assister à des fêtes d'anniversaire.

Des changements de comportement et de personnalité peuvent également indiquer une schizophrénie précoce. Un enfant peut présenter des comportements inhabituels ou bizarres qui ne lui ressemblent pas. Cela peut inclure des sautes d'humeur soudaines, des réponses émotionnelles inappropriées ou un manque d'expression émotionnelle. Un enfant peut rire ou pleurer sans raison apparente ou montrer un affect plat, où ses expressions faciales et le ton de sa voix manquent d'émotion.

Hallucinations et délires

Les hallucinations et les délires sont des symptômes caractéristiques de la schizophrénie et peuvent être particulièrement pénibles lorsqu'ils surviennent chez les enfants. Les hallucinations consistent à voir, entendre ou ressentir des choses qui ne sont pas présentes. Les hallucinations auditives, comme entendre des voix, sont les plus courantes. Un enfant peut entendre des voix commentant ses actions, conversant avec lui ou lui donnant des ordres. Ces voix peuvent être pénibles et effrayantes pour l'enfant.

Les délires impliquent de fausses croyances qui ne sont pas fondées sur la réalité. Ces croyances sont souvent de nature paranoïaque ou grandiose. Par exemple, un enfant peut croire qu'il possède des pouvoirs spéciaux, qu'il est surveillé ou suivi, ou que quelqu'un veut lui faire du mal. Ces délires peuvent entraîner une anxiété et une peur importantes, ayant un impact sur la capacité de l'enfant à fonctionner dans la vie quotidienne.

Symptômes cognitifs

Les symptômes cognitifs de la schizophrénie affectent les processus de réflexion d'un enfant et peuvent être difficiles à identifier. Ces symptômes incluent des difficultés d'attention, de mémoire et de fonctions exécutives. Un enfant peut avoir du mal à se concentrer sur des tâches, à mémoriser des informations ou à organiser ses pensées. Cela peut se manifester par un discours désorganisé, où la conversation de l'enfant semble fragmentée ou illogique. Par exemple, ils peuvent passer d'un sujet à l'autre sans lien clair, ce qui rend difficile pour les autres de suivre le fil de leurs pensées.

Changements émotionnels et comportementaux

Les enfants présentant les premiers signes de schizophrénie subissent souvent des changements émotionnels et comportementaux importants. Ils pourraient devenir de plus en plus irritables, anxieux ou déprimés. Ces changements d'humeur peuvent être graves et persistants, affectant leurs relations avec leur famille et leurs pairs. Les changements de comportement peuvent inclure un déclin des soins personnels et de l'hygiène personnelle, comme négliger de se laver, de se brosser les dents ou de changer régulièrement de vêtements.

Un autre indicateur comportemental est la présence d'une catatonie, qui implique des mouvements et des comportements anormaux. Les comportements catatoniques peuvent aller d'un manque total de mouvement et de communication à une activité motrice excessive. Par exemple, un enfant peut rester dans une posture rigide et immobile pendant de longues périodes ou se livrer à des mouvements répétitifs sans but apparent.

Reconnaissance précoce

Reconnaître les premiers signes et symptômes de la schizophrénie chez les enfants est essentiel pour garantir qu'ils reçoivent les soins et le soutien appropriés le plus rapidement possible. Une intervention précoce peut améliorer considérablement les résultats, en aidant à gérer les symptômes et à améliorer la qualité de vie de l'enfant. Si les parents ou les tuteurs observent l'un de ces signes, il est essentiel de demander rapidement l'aide d'un professionnel. Les pédiatres, les psychologues pour enfants et les psychiatres peuvent effectuer des évaluations complètes pour déterminer si la schizophrénie ou un autre problème de santé mentale est présent.

Par exemple, si un enfant commence à présenter un retrait social persistant et des comportements inhabituels et déclare entendre des voix, les parents devraient consulter sans délai un professionnel de la santé. Une évaluation approfondie peut conduire à un diagnostic précis et à l'élaboration d'un plan de traitement efficace. Cela peut inclure une combinaison de médicaments, de thérapies et d'interventions de soutien pour répondre aux besoins de l'enfant.

Une reconnaissance et une intervention précoces peuvent faire une différence significative dans la trajectoire du trouble, en aidant les enfants atteints de schizophrénie à mener une vie plus saine et plus épanouissante. Comprendre les premiers signes et symptômes de la schizophrénie chez les enfants est essentiel pour une intervention rapide et une prise en charge efficace. En reconnaissant des indicateurs tels que le déclin scolaire, le retrait social, les hallucinations, les délires, les difficultés cognitives et les changements émotionnels et comportementaux, les parents et les tuteurs peuvent prendre les mesures nécessaires pour demander l'aide d'un professionnel.

Le diagnostic de la schizophrénie chez les enfants présente des défis uniques en raison de la complexité et du chevauchement des symptômes avec d'autres troubles de santé mentale. Les premiers symptômes de la schizophrénie peuvent être subtils et facilement confondus avec différentes pathologies, ce qui rend un diagnostic précis une tâche critique mais difficile. Comprendre ces défis garantira que les enfants reçoivent les soins et le traitement appropriés.

Symptômes qui se chevauchent

L'un des principaux défis du diagnostic de la schizophrénie est le chevauchement des symptômes avec d'autres troubles. Par exemple, les hallucinations et les délires sont des signes caractéristiques de la schizophrénie, mais peuvent également survenir en cas d'anxiété grave ou de troubles de l'humeur. Un enfant qui éprouve une peur intense peut déclarer entendre des voix ou voir des choses qui n'existent pas, ce qui peut prêter à confusion dans le diagnostic.

De même, des symptômes tels que le retrait social, le déclin scolaire et les changements de comportement sont courants dans de nombreux problèmes de santé mentale, notamment la dépression et les troubles du spectre autistique. Par exemple, un enfant autiste peut présenter des difficultés de retrait social et de communication similaires à celles observées au début de la schizophrénie. Ce chevauchement nécessite une évaluation minutieuse et approfondie pour différencier ces conditions.

Considérations relatives au développement

Les stades de développement des enfants ajoutent une autre couche de complexité au diagnostic. Les comportements préoccupants à un âge peuvent être appropriés sur le plan du développement à un autre. Les jeunes enfants ont souvent une imagination débordante et peuvent déclarer avoir vu ou entendu des choses qui ne sont pas réelles, ce qui est généralement attendu à leur stade de développement. Cependant, de tels rapports pourraient indiquer un problème sous-jacent plus grave chez les enfants plus âgés.

Lors de l'évaluation des symptômes, les pédiatres et les professionnels de la santé mentale doivent tenir compte de l'âge et du niveau de développement de l'enfant. Cela nécessite une formation spécialisée et une expérience en pédopsychiatrie pour interpréter avec précision les comportements et distinguer les phénomènes typiques du développement et les signes d'un trouble.

Erreur de diagnostic et ses conséquences

Un diagnostic erroné peut conduire à un traitement inapproprié et potentiellement aggraver l'état de l'enfant. Si un enfant présentant des signes précoces de schizophrénie reçoit un diagnostic erroné de trouble déficitaire de l'attention avec hyperactivité (TDAH), des stimulants peuvent lui être prescrits, ce qui peut exacerber les symptômes psychotiques. À l'inverse, un enfant atteint de TDAH peut recevoir un diagnostic erroné de schizophrénie en raison de symptômes superposés tels que l'inattention et l'hyperactivité, ce qui conduit à un traitement antipsychotique inutile entraînant des effets secondaires importants.

Un diagnostic précis est essentiel pour élaborer un plan de traitement efficace. Un mauvais diagnostic peut retarder la mise en œuvre d'interventions appropriées, prolongeant la détresse de l'enfant et entravant son développement. Cela souligne l'importance d'évaluations complètes réalisées par des professionnels expérimentés, capables de distinguer les symptômes similaires de différents troubles.

Évaluations complètes

Le diagnostic de la schizophrénie implique un processus d'évaluation à multiples facettes. Cela comprend généralement des antécédents médicaux et psychiatriques détaillés, des observations comportementales et la contribution des parents, des enseignants et des soignants. La neuroimagerie et les tests de laboratoire peuvent également exclure d'autres conditions médicales susceptibles de provoquer des symptômes similaires.

Une évaluation approfondie prend également en compte la durée et le contexte des symptômes. Pour la schizophrénie, les symptômes tels que les hallucinations et les délires doivent persister pendant au moins six mois pour répondre aux critères diagnostiques. Des durées plus courtes peuvent suggérer d'autres conditions comme un bref trouble psychotique ou une anxiété sévère.

Collaboration et surveillance continue

Les efforts de collaboration entre les prestataires de soins de santé, les parents et les éducateurs sont cruciaux dans le processus de diagnostic. Les enseignants peuvent fournir des informations précieuses sur le comportement de l'enfant à l'école, qui peuvent ne pas être visibles à la maison. Une communication régulière entre toutes les parties garantit une compréhension globale des symptômes de l'enfant et de leur impact sur la vie quotidienne.

Une surveillance continue est également indispensable, car la présentation des symptômes peut évoluer. Des suivis réguliers permettent d'ajuster le diagnostic et le traitement à mesure que de nouvelles informations deviennent disponibles. Par exemple, un enfant initialement diagnostiqué avec un trouble de l'humeur pourrait présenter plus tard des symptômes plus spécifiques de schizophrénie, nécessitant une révision du diagnostic.

Il y a eu le cas d'un garçon de 10 ans nommé Sam, qui a commencé à montrer un retrait social, un déclin scolaire et des rapports occasionnels d'audition de voix. Initialement, on pensait que ses symptômes étaient liés à une grave anxiété due au harcèlement scolaire. Cependant, malgré les interventions contre l'anxiété, ses symptômes ont persisté et ont évolué. Une évaluation complète par un pédopsychiatre, comprenant une neuroimagerie et des évaluations comportementales détaillées, a finalement conduit à un diagnostic de schizophrénie précoce. Grâce à un diagnostic précis, Sam a reçu des médicaments et un traitement antipsychotiques appropriés, qui ont considérablement amélioré ses symptômes et sa qualité de vie.

Le défi du diagnostic de la schizophrénie chez les enfants réside dans la nature complexe et chevauchante de ses symptômes avec d'autres troubles. Un diagnostic précis nécessite des évaluations approfondies, la prise en compte des stades de développement et la collaboration entre les prestataires de soins de santé, les parents et les éducateurs. En relevant ces défis, nous pouvons garantir que les enfants reçoivent le bon diagnostic et le traitement approprié, conduisant à de meilleurs résultats et à une meilleure qualité de vie. Comprendre les subtilités de ce processus est crucial pour soutenir les enfants atteints de schizophrénie et les aider à gérer efficacement leur maladie.

La gestion de la schizophrénie chez les enfants nécessite une approche stratégique de la vie quotidienne, mettant l'accent sur l'importance des routines et des structures. L'établissement de routines cohérentes peut offrir la stabilité et la prévisibilité dont les enfants atteints de schizophrénie ont besoin pour relever plus efficacement les défis quotidiens. En créant un environnement favorable, les familles peuvent aider leurs enfants à gérer leurs symptômes et à améliorer leur qualité de vie globale.

L'importance de la cohérence

Les enfants atteints de schizophrénie sont souvent aux prises avec une pensée et un comportement désorganisés, ce qui fait de la cohérence un élément clé de leur plan de prise en charge. Des routines cohérentes aident à réduire l'anxiété en fournissant une structure prévisible à leur journée. Fixer des heures de réveil, de repas, d'école et de coucher peut créer un sentiment d'ordre et de fiabilité. Cette structure peut permettre à l'enfant de savoir plus facilement à quoi s'attendre et réduire le risque de se sentir dépassé par des changements inattendus.

Par exemple, une routine matinale peut inclure de se réveiller à la même heure chaque jour, de se brosser les dents, de s'habiller et de prendre le petit-déjeuner. Cette séquence prévisible peut aider l'enfant à commencer la journée avec un sentiment de normalité et de contrôle. De même, une routine cohérente au coucher, comme lire un livre ou écouter de la musique apaisante, peut signaler à l'enfant qu'il est temps de se détendre et de se préparer au sommeil, ce qui est crucial pour maintenir une bonne santé mentale.

Activités structurées

Les activités structurées jouent un rôle essentiel dans la gestion de la schizophrénie. Des activités régulières et organisées peuvent procurer un sentiment d'utilité et d'accomplissement, essentiel aux enfants aux prises avec l'estime de soi et la motivation. Les activités telles que le sport, les arts et l'artisanat et les cours de musique offrent un moyen productif de passer du temps et des opportunités d'interaction sociale et de développement de compétences.

Participer à une équipe de football hebdomadaire peut donner à l'enfant un environnement structuré pour développer le travail d'équipe et les compétences sociales tout en lui proposant de l'exercice physique, bénéfique pour la santé mentale. Les activités artistiques et artisanales, en revanche, peuvent servir d'exutoire créatif pour exprimer ses émotions et réduire le stress.

Équilibrer flexibilité et structure

Si la structure est essentielle, il est tout aussi crucial de maintenir un certain degré de flexibilité. Les routines rigides peuvent devenir source de stress si elles sont trop strictes et ne laissent aucune place au besoin naturel de spontanéité et de détente de l'enfant. Trouver un équilibre entre structure et flexibilité garantit que les routines sont utiles plutôt que restrictives.

Les parents peuvent intégrer des périodes flexibles dans la journée structurée, permettant à l'enfant de choisir les activités qu'il aime. Après l'école, il peut y avoir une période réservée aux devoirs, suivie d'un temps libre où l'enfant peut jouer, lire ou s'adonner à un passe-temps. Cet équilibre aide l'enfant à développer un sentiment d'autonomie et réduit le sentiment d'être trop contrôlé.

Environnement familial favorable

Créer un environnement familial favorable va au-delà de l'établissement de routines ; cela implique de favoriser un espace où l'enfant se sent en sécurité et compris. Une communication ouverte au sein de la famille est essentielle. Encourager l'enfant à exprimer ses sentiments et ses pensées sans crainte d'être jugé peut l'aider à se sentir validé et soutenu. Les parents doivent pratiquer une écoute active et réagir avec empathie, en s'assurant que l'enfant sait que ses expériences et ses émotions sont prises au sérieux.

De plus, il est essentiel de minimiser les facteurs de stress environnementaux. Réduire les niveaux de bruit, maintenir une atmosphère calme et organiser les espaces de vie peuvent aider à prévenir la surcharge sensorielle, qui peut exacerber les symptômes de la schizophrénie. Créer un coin tranquille avec des sièges confortables et un éclairage tamisé peut donner à l'enfant un refuge où se retirer lorsqu'il se sent dépassé.

Implication des professionnels

Le soutien professionnel est crucial dans la gestion de la vie quotidienne des enfants atteints de schizophrénie. Des rendez-vous réguliers avec des professionnels de la santé mentale, tels que des psychiatres, des psychologues et des thérapeutes, permettent de suivre les progrès de l'enfant et d'ajuster les plans de traitement si nécessaire. Ces professionnels peuvent fournir de précieux conseils sur le maintien des routines et la gestion efficace des symptômes.

Les thérapeutes peuvent travailler avec l'enfant sur le développement de stratégies d'adaptation et de compétences sociales, tandis que les psychiatres peuvent gérer les schémas thérapeutiques pour garantir les meilleurs résultats possibles. Un psychiatre peut ajuster la posologie des médicaments antipsychotiques pour mieux contrôler les symptômes sans provoquer d'effets secondaires importants. Parallèlement, un thérapeute peut utiliser des techniques cognitivo-comportementales pour aider l'enfant à gérer son anxiété et son stress.

Impliquer l'école

La collaboration avec l'école de l'enfant est également essentielle. Les enseignants et les conseillers scolaires doivent connaître l'état de santé de l'enfant et travailler avec les parents pour créer un plan éducatif individualisé (PEI) qui répond aux besoins de l'enfant. Cela peut inclure l'octroi de plus de temps pour les tâches, la fourniture d'un espace de pause calme et l'offre d'un soutien supplémentaire pendant les périodes de stress.

Par exemple, un enfant qui a des difficultés de concentration pourrait bénéficier d'une zone calme désignée dans la classe pour se concentrer sur ses tâches sans distractions. Une communication régulière entre les parents et les enseignants garantit que l'enfant reçoit un soutien constant à la maison et à l'école.

La gestion quotidienne de la schizophrénie chez les enfants nécessite un équilibre soigneusement élaboré entre routines, activités structurées, flexibilité et environnement favorable. En établissant des routines cohérentes, en participant à des activités structurées, en maintenant une communication ouverte et en collaborant avec les professionnels et les écoles, les familles peuvent créer un environnement stable qui aide les enfants à gérer efficacement leurs symptômes. Cette approche globale améliore la qualité de vie de l'enfant et lui permet d'affronter sa maladie avec confiance et résilience.

L'élaboration d'un plan de traitement durable à long terme pour les enfants atteints de schizophrénie est cruciale pour gérer les symptômes et améliorer leur qualité de vie globale. Un plan complet implique une surveillance continue, des interventions adaptées et un système de soutien solide pour aider l'enfant à gérer efficacement son état.

Surveillance et évaluation continues

Les soins de longue durée commencent par une surveillance et une évaluation continues de l'état de l'enfant. Des contrôles réguliers avec des prestataires de soins de santé, notamment des pédiatres, des psychiatres et des thérapeutes, sont essentiels. Ces rendez-vous permettent de suivre les progrès de l'enfant, d'identifier tout changement dans les symptômes et d'ajuster les plans de traitement en conséquence. Un enfant peut initialement bien réagir à un médicament particulier, mais avec le temps, il peut développer des effets secondaires ou devenir moins efficace. Une surveillance régulière permet des ajustements en temps opportun, garantissant que le traitement reste efficace.

Les parents et les tuteurs jouent également un rôle essentiel dans cette évaluation continue. Tenir un registre détaillé du comportement quotidien de l'enfant, des changements d'humeur et des éventuels effets secondaires des médicaments peut fournir des informations précieuses lors des rendez-vous médicaux. Ces informations aident les prestataires de soins de santé à prendre des décisions éclairées concernant le traitement de l'enfant.

Gestion des médicaments

Les médicaments constituent souvent un élément clé des soins de longue durée destinés aux enfants atteints de schizophrénie. Les médicaments antipsychotiques peuvent aider à gérer des symptômes tels que les hallucinations, les délires et la pensée désorganisée. Cependant, trouver le médicament et le dosage appropriés peut être un processus complexe qui nécessite une étroite collaboration avec un psychiatre.

Il est essentiel d'être conscient des effets secondaires potentiels et de faire part de vos préoccupations au professionnel de la santé. Certains effets secondaires courants des médicaments antipsychotiques comprennent la prise de poids, la somnolence et les changements métaboliques. Des analyses de sang et des contrôles réguliers peuvent aider à surveiller ces effets secondaires et à garantir que la santé de l'enfant n'est pas compromise.

Si un enfant se voit prescrire un antipsychotique comme la rispéridone, le psychiatre peut commencer avec une faible dose et l'augmenter progressivement tout en surveillant la réponse de l'enfant et les éventuels effets secondaires. Des ajustements peuvent être apportés en fonction des besoins et de la tolérance de l'enfant.

Interventions thérapeutiques sur mesure

Les interventions thérapeutiques constituent un autre aspect crucial des soins de longue durée. La thérapie cognitivo-comportementale (TCC) est couramment utilisée pour aider les enfants atteints de schizophrénie à développer des stratégies d'adaptation et à améliorer leurs capacités à résoudre des problèmes. La TCC peut s'attaquer aux schémas de pensée et aux comportements négatifs, permettant ainsi à l'enfant de gérer plus efficacement ses symptômes.

La thérapie familiale est également bénéfique, car elle implique toute la famille dans le processus de traitement. Cette thérapie peut améliorer la communication, réduire le stress et fournir un environnement favorable à l'enfant. Les membres de la famille peuvent apprendre à réagir aux symptômes de l'enfant de manière solidaire, réduisant ainsi les conflits potentiels et favorisant un environnement familial positif.

De plus, l'apprentissage des compétences sociales peut aider les enfants à développer de meilleures compétences interpersonnelles, leur permettant ainsi d'interagir plus facilement avec leurs pairs et d'établir des relations significatives. Cette formation implique souvent des jeux de rôle et d'autres activités interactives qui apprennent aux enfants à gérer des situations sociales.

Soutien pédagogique

Les enfants atteints de schizophrénie sont souvent confrontés à des difficultés en milieu éducatif. L'élaboration d'un plan éducatif individualisé (PEI) en collaboration avec les enseignants et les conseillers scolaires est essentielle. Le PEI doit inclure des aménagements adaptés aux besoins de l'enfant, comme du temps supplémentaire pour les devoirs, un endroit calme pour les examens et des pauses pendant la journée pour gérer le stress.

Un enfant qui éprouve des difficultés à se concentrer pourrait bénéficier d'un espace calme désigné dans la classe où il pourra se concentrer sur ses tâches sans distraction. Des réunions régulières avec le personnel de l'école garantissent que le PEI reste pertinent et efficace à mesure que les besoins de l'enfant évoluent.

Construire un système de soutien solide

Un système de soutien solide est essentiel à la gestion à long terme de la schizophrénie. Cela inclut la famille, les amis, les prestataires de soins de santé et les groupes de soutien. Disposer d'un réseau de personnes qui comprennent l'état de l'enfant et peuvent lui apporter un soutien émotionnel et pratique fait une différence significative.

Les groupes de soutien pour les enfants atteints de schizophrénie et leurs familles offrent une plateforme pour partager des expériences, apprendre des autres et obtenir un soutien émotionnel. Ces groupes peuvent contribuer à réduire le sentiment d'isolement et proposer de précieuses stratégies d'adaptation.

Promouvoir l'indépendance et les compétences de vie

À mesure que les enfants atteints de schizophrénie grandissent, il devient de plus en plus important de promouvoir leur indépendance et leurs compétences de vie. Cela implique de leur enseigner des compétences pratiques telles que la gestion des finances, la cuisine et l'hygiène personnelle. La formation professionnelle et l'orientation professionnelle peuvent les aider à se préparer au marché du travail et à devenir autonomes.

Un enfant atteint de schizophrénie peut participer à un programme de formation professionnelle qui lui enseigne des compétences professionnelles et l'aide à trouver un emploi convenable. Cette formation peut renforcer leur confiance et leur donner un sens au but, contribuant ainsi à leur bien-être.

Se préparer aux transitions

La transition de l'adolescence à l'âge adulte est une phase critique pour les enfants atteints de schizophrénie. La planification de ces transitions garantit la continuité des soins et du soutien. Cela pourrait impliquer la transition des services de santé mentale pédiatriques vers les services de santé mentale pour adultes, l'exploration des opportunités d'enseignement supérieur et la préparation à une vie indépendante.

À mesure qu'un enfant approche de l'âge adulte, son médecin peut faciliter la transition vers un psychiatre pour adultes qui pourra poursuivre ses soins. De plus, les familles peuvent explorer des options de logement offrant un environnement favorable, comme des modalités de vie supervisée ou une vie indépendante avec accès aux services de soutien communautaire.

L'élaboration d'un plan de traitement durable à long terme pour les enfants atteints de schizophrénie implique une surveillance continue, des interventions adaptées et un système de soutien solide. En intégrant la gestion des médicaments, les interventions thérapeutiques, le soutien éducatif et la promotion de l'indépendance, les familles et les prestataires de soins de santé peuvent aider les enfants à gérer leurs symptômes et à améliorer leur qualité de vie. Se préparer aux transitions critiques garantit que les enfants atteints de schizophrénie reçoivent les soins et le soutien dont ils ont besoin à mesure qu'ils atteignent l'âge adulte, leur permettant ainsi de mener une vie épanouissante et productive.

CHAPITRE CINQ : SURMONTER LA STIGMATISATION

Pour vaincre la stigmatisation associée aux troubles de santé mentale, en particulier à la schizophrénie chez les enfants, il faut comprendre ses origines, l'importance de l'éducation, l'impact du plaidoyer et le pouvoir du partage d'expériences réelles. La stigmatisation découle souvent d'idées fausses historiques et culturelles sur la maladie mentale. Historiquement, les personnes souffrant de problèmes de santé mentale étaient souvent isolées, incomprises et maltraitées. Les croyances culturelles ont parfois présenté la maladie mentale comme un échec moral ou comme quelque chose dont il faut avoir honte, perpétuant ainsi la stigmatisation et la discrimination. Ces perceptions profondément enracinées influencent depuis longtemps la façon dont la société perçoit et traite les personnes souffrant de problèmes de santé mentale.

L'éducation joue un rôle central dans le démantèlement de ces stéréotypes néfastes et dans la sensibilisation. En sensibilisant le public aux réalités des troubles de santé mentale, nous pouvons favoriser une société plus informée et plus compatissante. Les écoles, les lieux de travail et les organismes communautaires peuvent tous contribuer en fournissant des informations et des ressources précises sur la schizophrénie et d'autres problèmes de santé mentale. Par exemple, l'intégration d'une éducation à la santé mentale dans les programmes scolaires peut aider les élèves à comprendre que les problèmes de santé mentale sont des problèmes médicaux et non des échecs personnels. Cette connaissance peut réduire la peur et les malentendus entre pairs, créant ainsi un environnement plus favorable aux enfants atteints de schizophrénie.

Le plaidoyer est un autre élément essentiel pour vaincre la stigmatisation. Parler des problèmes de santé mentale et soutenir les changements politiques peut conduire à une plus grande acceptation sociétale et à de meilleurs systèmes de soutien. Les efforts de plaidoyer peuvent aller de la participation à des campagnes de sensibilisation à la santé mentale au lobbying pour de meilleurs services et financements en matière de santé mentale. Rejoindre des organisations locales ou nationales de santé mentale peut fournir des plateformes permettant aux individus de partager leurs histoires et de faire pression en faveur de changements législatifs qui profitent aux personnes souffrant de problèmes de santé mentale. Les défenseurs peuvent également œuvrer pour garantir que les services de santé mentale soient couverts par une assurance, rendant ainsi le traitement plus accessible et plus abordable pour les familles.

Partager des histoires d'espoir et de résilience est un moyen puissant d'humaniser l'expérience de vivre avec la schizophrénie et d'inspirer les autres. Les expériences réelles de familles et d'enfants qui ont surmonté les défis de ce trouble peuvent apporter réconfort et encouragement à d'autres personnes se trouvant dans des situations similaires. Ces histoires peuvent mettre en lumière des parcours de traitement réussis, mettre en valeur l'importance des systèmes de soutien et démontrer que les enfants atteints de schizophrénie peuvent mener une vie épanouie. Une famille pourrait raconter comment son enfant, grâce à une thérapie et des médicaments, a réussi à exceller à l'école et à nouer des amitiés significatives. Ces récits peuvent remettre en question les stéréotypes négatifs et offrir de l'espoir aux personnes touchées par la schizophrénie.

Surmonter la stigmatisation associée à la schizophrénie implique de comprendre ses racines historiques et culturelles, de mettre l'accent sur le rôle de l'éducation dans la sensibilisation, de s'engager dans un plaidoyer pour soutenir le changement et de partager des histoires d'espoir. En abordant ces aspects collectivement, nous pouvons construire des ponts de compréhension et de soutien, créant ainsi une société plus inclusive et plus compatissante pour les enfants atteints de schizophrénie et leurs familles.

La stigmatisation entourant les troubles de santé mentale, en particulier la schizophrénie, a de profondes racines historiques et culturelles. Comprendre ces origines est crucial pour aborder et surmonter les préjugés qui existent encore aujourd'hui. Le voyage depuis d'anciennes idées fausses jusqu'à la stigmatisation d'aujourd'hui révèle le chemin parcouru et le chemin qu'il nous reste encore à parcourir.

Idées fausses anciennes

Dans les temps anciens, les troubles de santé mentale étaient souvent mal compris et craints. De nombreuses civilisations anciennes attribuaient la maladie mentale à des forces surnaturelles ou à des échecs moraux. Dans la Grèce antique et à Rome, les problèmes de santé mentale étaient parfois considérés comme une punition divine ou une possession par de mauvais esprits. Les traitements étaient durs et inhumains, impliquant souvent des exorcismes, l'isolement ou la contention physique. Ces premières idées fausses ont jeté les bases de siècles de stigmatisation, la maladie mentale étant considérée comme quelque chose de mystérieux et de dangereux.

Le Moyen Âge et la chasse aux sorcières

Au Moyen Âge, ces idées fausses se sont approfondies, entraînant des conséquences encore plus graves pour les personnes souffrant de troubles de santé mentale. La maladie mentale était souvent confondue avec la sorcellerie ou la possession démoniaque. Les tristement célèbres chasses aux sorcières des XVIe et XVIIe siècles ont vu de nombreuses personnes souffrant de problèmes de santé mentale accusées de sorcellerie et soumises à des interrogatoires et à des exécutions brutales. Cette période a renforcé l'idée selon laquelle la maladie mentale était quelque chose qu'il fallait craindre et éradiquer, renforçant ainsi la stigmatisation dans la conscience sociétale.

L'ère de l'asile

Les XVIIIe et XIXe siècles ont vu l'essor des asiles, destinés à prodiguer des soins aux personnes souffrant de troubles de santé mentale. Cependant, ces institutions sont souvent devenues des lieux de négligence et d'abus. Les patients étaient fréquemment soumis à des traitements inhumains, tels que l'enfermement dans des chaînes, des bains de glace et une thérapie par électrochocs, sans surveillance médicale appropriée. Les conditions déshumanisantes dans les asiles ont renforcé la perception des personnes souffrant de troubles mentaux comme dangereuses et incapables de s'intégrer dans la société. Ces stéréotypes négatifs ont persisté et ont contribué à la marginalisation continue des personnes souffrant de problèmes de santé mentale.

Influences culturelles

Les croyances et pratiques culturelles ont également joué un rôle important dans l'élaboration des attitudes à l'égard de la santé mentale. Dans de nombreuses cultures, la maladie mentale est perçue sous l'angle de la honte et du déshonneur. Par exemple, dans certaines cultures asiatiques, les problèmes de santé mentale sont souvent considérés comme une source de disgrâce familiale, conduisant à la dissimulation et à l'évitement de l'aide professionnelle. De même, dans de nombreuses cultures africaines, la maladie mentale peut être attribuée à la sorcellerie ou à des forces surnaturelles, entraînant la stigmatisation et l'isolement des personnes touchées.

Dans les sociétés occidentales, la représentation de la maladie mentale dans les médias a également influencé la perception du public. Les films, les émissions de télévision et les reportages décrivent souvent les personnes atteintes de troubles de santé mentale comme violentes ou imprévisibles, perpétuant ainsi la peur et l'incompréhension. Ces récits culturels contribuent à la stigmatisation, rendant plus difficile pour les individus de demander de l'aide et pour la société de fournir un soutien empreint de compassion.

Stigmatisation des temps modernes

Malgré les progrès réalisés dans la compréhension de la santé mentale, la stigmatisation persiste à l'époque moderne. Les personnes atteintes de schizophrénie et d'autres troubles de santé mentale sont souvent confrontées à de la discrimination dans divers aspects de la vie, notamment l'emploi, l'éducation et les soins de santé. Les idées fausses sur la nature de la maladie mentale, alimentées par des préjugés historiques, continuent de façonner les attitudes sociétales. Beaucoup croient encore que les personnes atteintes de schizophrénie sont intrinsèquement violentes, malgré les preuves montrant qu'elles sont plus susceptibles d'être des victimes que des auteurs de violence.

Changer les perceptions

Les efforts visant à changer les perceptions et à réduire la stigmatisation se sont intensifiés au cours des dernières décennies. Les groupes de défense, les organisations de santé mentale et les individus éduquent sans relâche le public et favorisent la compréhension. Des campagnes telles que le Mois de sensibilisation à la santé mentale et la Journée mondiale de la santé mentale visent à éliminer les obstacles et à encourager des conversations ouvertes sur la santé mentale.

L'éducation est essentielle pour dissiper les mythes et changer les attitudes. Les écoles, les lieux de travail et les communautés reconnaissent de plus en plus l'importance de l'éducation en matière de santé mentale. En fournissant des informations précises et en promouvant l'empathie, ces efforts peuvent contribuer à faire évoluer les opinions sociétales et à réduire la stigmatisation. Les programmes d'éducation à la santé mentale dans les écoles enseignent aux élèves que les troubles de santé mentale sont des problèmes médicaux et non des échecs moraux, favorisant ainsi un environnement plus favorable aux personnes touchées.

Exemples concrets

Les histoires réelles de personnes et de familles touchées par la schizophrénie peuvent également contribuer à changer les perceptions. Par exemple, John Nash, le mathématicien lauréat du prix Nobel représenté dans le film « A Beautiful Mind », a attiré l'attention sur la réalité de vivre avec la schizophrénie. Malgré le désordre, son histoire a mis en évidence les défis et le potentiel d'une vie épanouie. En partageant ces histoires, nous humanisons l'expérience de la maladie mentale et combattons la peur et l'ignorance qui alimentent la stigmatisation.

La stigmatisation entourant la schizophrénie et d'autres troubles de santé mentale a de profondes racines historiques et culturelles. Des idées fausses anciennes aux préjugés modernes, ces attitudes négatives ont persisté, affectant la vie d'innombrables personnes.

En comprenant ces origines et en travaillant à éduquer et à plaider en faveur du changement, nous pouvons commencer à démanteler la stigmatisation et créer une société plus compatissante et inclusive. Grâce à l'éducation, au plaidoyer et au partage d'expériences réelles, nous pouvons contribuer à bâtir un monde où la santé mentale est comprise, acceptée et soutenue.

L'éducation joue un rôle central dans la sensibilisation et la compréhension des troubles de santé mentale, tels que la schizophrénie, en particulier chez les enfants. L'éducation peut combattre la stigmatisation, promouvoir l'empathie et encourager une intervention précoce en fournissant des informations précises et en favorisant un environnement favorable. C'est grâce à l'éducation que nous pouvons remodeler les attitudes sociétales et garantir de meilleurs résultats aux personnes touchées par des problèmes de santé mentale.

Éducation préscolaire dans les écoles

J'ai soutenu que l'introduction d'une éducation à la santé mentale dans les écoles est l'un des moyens les plus efficaces de sensibiliser la population dès le plus jeune âge. Les écoles jouent un rôle fondamental dans la formation de l'esprit et des attitudes des jeunes. En intégrant l'éducation à la santé mentale dans le programme scolaire, nous pouvons aider les élèves à comprendre que la santé mentale est aussi importante que la santé physique. Cela implique de leur enseigner les différents problèmes de santé mentale, leurs symptômes et l'importance de demander de l'aide.

Les leçons peuvent inclure des discussions sur des problèmes de santé mentale courants comme l'anxiété et la dépression, ainsi que sur des conditions plus complexes comme la schizophrénie. Les activités peuvent impliquer des jeux de rôle pour démontrer de l'empathie et du soutien envers les pairs qui pourraient être en difficulté. Éduquer les élèves sur la santé mentale normalise ces conversations, ce qui permet aux enfants de parler plus facilement de leurs sentiments et de demander de l'aide sans craindre d'être jugés.

Développement professionnel pour les enseignants

Éduquer les enseignants et le personnel scolaire à la santé mentale est tout aussi important. Les enseignants sont souvent les premiers à remarquer des changements dans le comportement ou les performances d'un élève qui pourraient indiquer un problème de santé mentale. Fournir aux enseignants les outils et les connaissances nécessaires pour reconnaître ces signes et réagir de manière appropriée peut faire une différence significative.

Les programmes de développement professionnel peuvent doter les enseignants de stratégies pour soutenir les élèves ayant des besoins en matière de santé mentale. Par exemple, les enseignants peuvent en apprendre davantage sur les signes d'une schizophrénie précoce, tels que le retrait social ou les pensées inhabituelles, et sur la façon de créer un environnement de classe favorable. Ils peuvent également être formés pour faire part de leurs préoccupations aux élèves et aux parents et les orienter vers les ressources appropriées.

Programmes de sensibilisation communautaire

Au-delà des écoles, les programmes de sensibilisation communautaire jouent un rôle essentiel dans la compréhension de la santé mentale. Les centres communautaires, les bibliothèques et les organisations locales peuvent organiser des ateliers, des séminaires et des groupes de soutien pour éduquer le public. Ces programmes peuvent démystifier les problèmes de santé mentale, dissiper les mythes et fournir des informations pratiques sur la manière de soutenir les personnes ayant des problèmes de santé mentale.

Un centre communautaire peut organiser une série d'ateliers sur la sensibilisation à la santé mentale, comprenant des conférences de professionnels de la santé mentale et de personnes ayant une expérience vécue. Ces séances peuvent couvrir des sujets tels que l'impact de la santé mentale sur la vie quotidienne, l'importance de l'intervention précoce et les ressources disponibles pour le soutien. En impliquant la communauté, ces programmes favorisent une culture de compréhension et d'acceptation.

Campagnes médiatiques et publiques

Les campagnes médiatiques et de sensibilisation du public sont des outils puissants pour éduquer un public plus large sur la santé mentale. Les campagnes utilisant la télévision, la radio, les médias sociaux et la presse écrite peuvent toucher des millions de personnes et changer les perceptions du public. Des campagnes efficaces partagent des informations factuelles, des histoires personnelles et des mesures concrètes pour soutenir la santé mentale.

La campagne « Time to Change » au Royaume-Uni a réussi à sensibiliser à la santé mentale en utilisant des histoires vraies et les médias sociaux pour lutter contre la stigmatisation. La campagne encourage les gens à parler ouvertement de santé mentale et fournit des ressources pour entamer des conversations. Ces efforts publics peuvent réduire considérablement la stigmatisation et promouvoir une société plus informée et plus compatissante.

Enseignement supérieur et recherche

Les établissements d'enseignement supérieur jouent également un rôle essentiel dans la sensibilisation à la santé mentale par le biais de la recherche et de la formation. Les universités peuvent proposer des cours spécialisés en psychologie, psychiatrie et travail social axés sur la compréhension et le traitement des troubles de santé mentale. En formant les futurs professionnels, ces programmes garantissent que la prochaine génération est bien équipée pour relever les défis de santé mentale.

Les recherches menées dans les universités et autres institutions contribuent à notre compréhension des problèmes de santé mentale et au développement de traitements efficaces. Les études sur les stratégies d'intervention précoce pour la schizophrénie peuvent conduire à de meilleurs résultats pour les enfants diagnostiqués avec ce trouble. En investissant dans la recherche et l'éducation, les établissements d'enseignement supérieur peuvent faire progresser les soins de santé mentale.

Histoires personnelles et éducation par les pairs

Le partage d'histoires personnelles et l'éducation par les pairs peuvent avoir un impact incroyable. Lorsque des individus partagent leurs expériences en matière de problèmes de santé mentale, cela humanise le problème et favorise l'empathie. Les programmes d'éducation par les pairs peuvent être particulièrement efficaces lorsque des personnes ayant une expérience vécue éduquent les autres.

Un jeune adulte qui a réussi à gérer sa schizophrénie peut prendre la parole dans des écoles ou lors d'événements communautaires, partageant son parcours et offrant de l'espoir. Ces récits personnels peuvent inciter d'autres personnes à demander de l'aide et à réduire la peur et la stigmatisation associées aux problèmes de santé mentale.

L'éducation est un outil puissant pour sensibiliser et comprendre les troubles de santé mentale comme la schizophrénie. Nous pouvons favoriser une société plus informée et plus compatissante grâce à l'éducation préscolaire, au développement professionnel des enseignants, aux programmes de sensibilisation communautaire, aux campagnes médiatiques, à l'enseignement supérieur, à la recherche et aux histoires personnelles. En donnant la priorité à l'éducation en santé mentale, nous veillons à ce que les personnes souffrant de problèmes de santé mentale reçoivent le soutien et la compréhension dont elles ont besoin pour s'épanouir.

Le plaidoyer en faveur de la santé mentale ne se résume pas à une simple sensibilisation : il s'agit de travailler activement à créer des changements significatifs dans les politiques, les perceptions et les systèmes de soutien. En s'exprimant et en agissant, les défenseurs peuvent contribuer à réduire la stigmatisation, à améliorer l'accès aux soins et à soutenir les personnes vivant avec des problèmes de santé mentale comme la schizophrénie. Comprendre comment fonctionne le plaidoyer et comment il peut être mis en œuvre efficacement est crucial pour avoir un impact durable.

Sensibiliser et réduire la stigmatisation

L'un des principaux objectifs de la défense de la santé mentale est de réduire la stigmatisation. La stigmatisation peut empêcher les individus de rechercher l'aide dont ils ont besoin, ce qui entraîne une aggravation des conditions de vie et une qualité de vie moindre. Les défenseurs s'efforcent de changer les perceptions du public en partageant des informations, en remettant en question les idées fausses et en promouvant une compréhension plus précise des problèmes de santé mentale.

Les campagnes de sensibilisation du public comme « Ending the Silence », menées par la National Alliance on Mental Illness (NAMI), utilisent des histoires personnelles et du matériel pédagogique pour mettre en évidence les réalités de la vie avec des troubles de santé mentale. En présentant des expériences réelles et des informations factuelles, ces campagnes visent à humaniser les problèmes de santé mentale et à démanteler les stéréotypes néfastes.

Plaidoyer politique

Un plaidoyer efficace implique également d'influencer les politiques locales, étatiques et nationales. Le plaidoyer politique vise à créer des changements systémiques qui améliorent la vie des personnes souffrant de problèmes de santé mentale. Cela peut inclure des pressions pour un financement accru des services de santé mentale, un plaidoyer en faveur d'une couverture d'assurance pour les traitements de santé mentale et une pression en faveur de lois qui protègent les droits des personnes atteintes de maladie mentale.

Un exemple de plaidoyer politique réussi est la Mental Health Parity and Addiction Equity Act (MHPAEA) aux États-Unis, qui oblige les compagnies d'assurance à fournir une couverture égale pour les problèmes de santé mentale et physique. Cette loi est le résultat d'efforts considérables de sensibilisation de la part des organisations de santé mentale, des professionnels de la santé et des personnes touchées par la maladie mentale. La MHPAEA a amélioré l'accès aux soins pour des millions de personnes en garantissant que les services de santé mentale sont couverts par une assurance.

Implication et soutien communautaire

Les efforts de plaidoyer à la base peuvent grandement contribuer au changement au sein des communautés. Les groupes de défense locaux et les organismes communautaires jouent un rôle essentiel en fournissant du soutien, en sensibilisant et en créant un sentiment de solidarité entre les personnes touchées par des problèmes de santé mentale.

Les sections locales du NAMI organisent souvent des groupes de soutien, des ateliers éducatifs et des événements communautaires pour connecter les individus et les familles avec les ressources et entre eux. Ces initiatives contribuent à bâtir un réseau de soutien capable d'offrir un soutien émotionnel et pratique à ceux qui en ont besoin. De plus, les défenseurs communautaires veillent à ce que les écoles, les lieux de travail et les espaces publics locaux soient inclusifs et soutiennent les personnes souffrant de problèmes de santé mentale.

Plaidoyer personnel

Le plaidoyer personnel implique que des individus partagent leurs expériences pour sensibiliser et inspirer le changement. Lorsque les gens parlent ouvertement de leur parcours en matière de santé mentale, ils peuvent réduire la stigmatisation et encourager les autres à demander de l'aide. Les histoires personnelles ont un impact puissant car elles donnent un visage humain aux problèmes de santé mentale et démontrent que le rétablissement et la gestion sont possibles.

Prenons l'exemple de personnalités éminentes comme l'actrice Glenn Close, qui a cofondé l'organisation Bring Change to Mind après que sa sœur ait reçu un diagnostic de trouble bipolaire. En utilisant sa plateforme pour parler de santé mentale, Close a contribué à attirer l'attention nationale sur la question et a encouragé d'innombrables autres personnes à partager leurs histoires.

Tirer parti des médias sociaux

À l'ère du numérique, les médias sociaux sont devenus un outil crucial de plaidoyer. Des plateformes comme Twitter, Facebook et Instagram permettent aux défenseurs d'atteindre un large public rapidement et efficacement. Les campagnes sur les réseaux sociaux peuvent sensibiliser, organiser des événements et mobiliser des sympathisants.

Par exemple, le hashtag #BellCause, lancé par Bell Canada, est devenu un mouvement mondial encourageant les conversations sur la santé mentale. Chaque année, lors de la Journée Bell Cause pour la cause, les gens partagent leurs histoires et leur soutien à la santé mentale, et Bell donne de l'argent à des programmes de santé mentale basés sur les interactions sur les réseaux sociaux. Cette campagne a permis de recueillir des millions de dollars pour des initiatives en matière de santé mentale et a considérablement accru la sensibilisation et l'engagement du public.

S'engager avec les législateurs

S'engager auprès des législateurs est un autre aspect essentiel du plaidoyer. Les défenseurs peuvent écrire des lettres, passer des appels téléphoniques et assister à des réunions avec les législateurs pour exprimer leurs préoccupations et suggérer des changements politiques. Les histoires personnelles peuvent être particulièrement convaincantes dans ces interactions, aidant les législateurs à comprendre l'impact réel de leurs décisions.

Les parents d'enfants atteints de schizophrénie pourraient rencontrer leurs représentants pour discuter de l'importance du financement des programmes d'intervention précoce. En partageant leurs expériences, ils peuvent illustrer la nécessité de ces services et plaider en faveur de politiques qui soutiennent la recherche et le traitement en santé mentale.

Le plaidoyer en action implique une approche multidimensionnelle pour créer un changement et soutenir les personnes souffrant de problèmes de santé mentale. Les défenseurs peuvent avoir un impact significatif en sensibilisant, en influençant les politiques, en engageant les communautés, en partageant des histoires personnelles, en tirant parti des médias sociaux et en interagissant avec les législateurs. Grâce à ces efforts, nous pouvons réduire la stigmatisation, améliorer l'accès aux soins et bâtir une société plus solidaire et plus compréhensive pour les personnes souffrant de problèmes de santé mentale comme la schizophrénie. Un plaidoyer efficace profite aux personnes directement concernées, enrichit nos communautés et favorise le bien-être.

Les histoires d'espoir et de résilience offrent une perspective puissante sur la vie avec des problèmes de santé mentale comme la schizophrénie. Ils mettent en valeur la force des individus et de leurs familles, démontrant qu'il est possible de mener une vie épanouissante malgré les défis, avec un soutien, un traitement et une compréhension appropriés. Permettez-moi de raconter quelques-unes des histoires réelles qui vous inspireront dans ce voyage visant à trouver et à apporter de l'aide à ces enfants souffrant d'une forme de problème de santé mentale. Ces expériences concrètes inspirent d'autres personnes confrontées à des problèmes similaires, contribuent à briser la stigmatisation et à promouvoir une société plus compatissante.

Le voyage d'Émilie

Emily était une enfant intelligente et active jusqu'à ce qu'elle commence à montrer des signes de schizophrénie à l'âge de 12 ans. Ses parents ont remarqué des changements dans son comportement : elle est devenue renfermée, ses notes ont chuté et elle a commencé à parler du fait d'entendre des voix. Au début, ils pensaient qu'il s'agissait d'une phase, mais comme les symptômes persistaient, ils ont demandé l'aide d'un professionnel. Emily a reçu un diagnostic de schizophrénie précoce.

Le diagnostic a été bouleversant pour la famille, mais il a marqué le début d'un nouveau chapitre. Les parents d'Emily ont travaillé en étroite collaboration avec une équipe de professionnels de la santé mentale pour créer un plan de traitement complet. Cela comprenait des médicaments pour gérer ses symptômes et une thérapie cognitivo-comportementale pour l'aider à développer des stratégies d'adaptation.

L'école d'Emily a également joué un rôle crucial dans son parcours. Grâce à un plan d'éducation individualisé (PEI), elle a reçu le soutien nécessaire pour poursuivre ses études. Ses professeurs étaient compréhensifs et accommodants, leur accordant du temps supplémentaire pour les devoirs et un espace d'examen calme.

Au fil du temps, grâce au soutien constant de sa famille, de son école et de ses prestataires de soins de santé, l'état d'Emily s'est amélioré. Elle a appris à gérer ses symptômes et a retrouvé confiance en elle. Aujourd'hui, Emily étudie la psychologie et s'inspire de ses expériences pour aider les autres confrontés à des défis similaires.

L'histoire de la famille Thompson

L'expérience de la famille Thompson souligne l'importance du soutien et de la défense de la communauté. Lorsque leur fils, Jake, a reçu un diagnostic de schizophrénie à l'âge de 14 ans, ils se sont sentis isolés et ne savaient pas comment gérer son état. La stigmatisation entourant la maladie mentale faisait qu'il leur était difficile de parler ouvertement des difficultés de Jake.

Déterminés à trouver du soutien, les Thompson ont rejoint une section locale de l'Alliance nationale pour la maladie mentale (NAMI). Là, ils ont noué des liens avec d'autres familles confrontées à des défis similaires. Cette communauté a fourni un soutien émotionnel et des conseils pratiques sur la gestion de l'état de Jake. Ils ont découvert les ressources, les options de traitement et les stratégies de plaidoyer.

Inspirés par leur soutien, les Thompson sont devenus des défenseurs actifs de la santé mentale. Ils ont commencé à partager publiquement leur histoire pour sensibiliser l'opinion et réduire la stigmatisation. Jake est également devenu un défenseur, parlant de ses expériences dans les écoles et lors d'événements communautaires. Leurs efforts de sensibilisation ont aidé de nombreuses familles de leur communauté à trouver le soutien dont elles avaient besoin.

L'histoire de réussite de Lucas

L'histoire de Lucas témoigne de l'importance de l'intervention précoce et de la persévérance. Diagnostiqué schizophrène à l'âge de dix ans, Lucas a dû faire face à des défis importants. Il a eu de graves hallucinations et délires, ce qui l'a empêché de se concentrer à l'école et de participer à des activités sociales.

Ses parents ont demandé l'aide d'une clinique de santé mentale spécialisée qui se concentrait sur l'intervention précoce auprès des enfants atteints de schizophrénie. Lucas a commencé un programme de traitement complet comprenant des médicaments, une thérapie et une formation aux compétences sociales. Ses thérapeutes ont travaillé avec lui pour comprendre son état et développer des stratégies pour gérer ses symptômes.

Un moment charnière dans le parcours de Lucas a été lorsqu'il a rejoint un groupe de soutien pour les jeunes souffrant de problèmes de santé mentale. Là, il a rencontré des pairs qui ont compris ses expériences. Ce soutien des pairs a été inestimable, aidant Lucas à se sentir moins isolé et plus confiant dans la gestion de sa maladie.

Avec un soutien continu et un plan de traitement personnalisé, Lucas a réalisé des progrès significatifs. Il a obtenu son diplôme d'études secondaires avec mention et étudie actuellement l'informatique à l'université. Lucas continue de plaider en faveur de la sensibilisation à la santé mentale, partageant son histoire pour inspirer les autres et promouvoir la compréhension.

Le plaidoyer de la famille Smith

L'expérience de la famille Smith met en évidence l'impact du plaidoyer sur le changement systémique. Lorsque leur fille, Anna, a reçu un diagnostic de trouble de l'humeur grave à l'âge de 7 ans, ils ont rapidement réalisé les lacunes des services et du soutien en matière de santé mentale. Déterminés à faire la différence, ils ont activement plaidé en faveur de meilleures politiques de santé mentale.

Ils ont fait pression pour augmenter le financement des services de santé mentale dans les écoles et ont témoigné devant des comités législatifs sur la nécessité d'une éducation complète en matière de santé mentale. Leurs efforts ont contribué à l'adoption d'une loi d'État qui rend obligatoire l'éducation à la santé mentale dans toutes les écoles publiques, garantissant ainsi que les élèves apprennent la santé mentale dès leur plus jeune âge.

Anna, maintenant adulte, est également devenue une défenseure de la santé mentale. Elle intervient lors de conférences et participe à des campagnes de sensibilisation à la schizophrénie. Son histoire de résilience et les efforts de défense de sa famille ont inspiré de nombreuses personnes et ont conduit à des changements tangibles dans les politiques de santé mentale.

Ces histoires d'espoir démontrent qu'avec un soutien, un traitement et un plaidoyer appropriés, les personnes atteintes de schizophrénie et leurs familles peuvent surmonter des défis importants et mener une vie épanouie. La réussite scolaire d'Emily, l'impact communautaire des Thompson, les résultats scolaires de Lucas et le plaidoyer politique des Smith mettent en évidence le pouvoir de la résilience et l'importance des systèmes de soutien. En partageant ces expériences réelles, nous pouvons inspirer les autres, réduire la stigmatisation et promouvoir une société plus compréhensive et plus solidaire pour les personnes touchées par des problèmes de santé mentale.

CHAPITRE SIX : LES TRAUMATISMES ET SON IMPACT SUR LA SANTÉ MENTALE DES ENFANTS

Le traumatisme, qu'il résulte d'un seul événement pénible ou d'une exposition prolongée à l'adversité, a des effets profonds et durables sur le développement du cerveau d'un enfant. La neurobiologie des traumatismes est complexe et implique des interactions complexes entre l'amygdale, l'hippocampe et le cortex préfrontal, régions responsables du traitement des émotions, de la mémoire et du fonctionnement exécutif. Lorsqu'un enfant subit un événement traumatisant, tel qu'une violence physique, une négligence ou une exposition chronique à la violence, son système de réponse au stress s'active d'une manière qui peut devenir inadaptée au fil du temps. Au lieu de réagir correctement au danger, leur cerveau peut rester dans un état d'hypervigilance, affectant la régulation émotionnelle, la capacité d'apprentissage et les interactions sociales.

L'impact des traumatismes sur la santé mentale des enfants est souvent mal interprété, en particulier chez les enfants neurodivergents, notamment ceux atteints de troubles du spectre autistique (TSA) ou de trouble déficitaire de l'attention/hyperactivité (TDAH). Ces enfants éprouvent déjà une sensibilité sensorielle accrue et des difficultés d'autorégulation émotionnelle, ce qui les rend encore plus vulnérables aux effets du stress traumatique. Un enfant autiste, par exemple, peut présenter des comportements répétitifs accrus ou un retrait social sévère à la suite d'un événement traumatisant. En raison de leur difficulté à verbaliser la détresse, les soignants peuvent considérer à tort ces changements comme faisant partie de leur profil neurodéveloppemental plutôt que de les reconnaître comme des réponses liées à un traumatisme.

Le traumatisme modifie la façon dont les enfants perçoivent le monde qui les entoure. Un enfant exposé à des soins imprévisibles ou à une négligence émotionnelle peut développer un style d'attachement insécurisant, entraînant des difficultés à nouer des relations de confiance. Cela est particulièrement évident chez les enfants diagnostiqués avec un trouble réactif de l'attachement (RAD) ou un trouble de stress post-traumatique (SSPT), où la capacité à établir des liens émotionnels sains est compromise. Ils peuvent afficher des comportements d'évitement, une réaction de surprise exagérée ou même un engourdissement émotionnel. Dans certains cas, leurs réactions aux situations quotidiennes semblent disproportionnées, car leur système nerveux est préparé à s'attendre à tout moment au danger.

La dérégulation comportementale et émotionnelle est une conséquence caractéristique d'un traumatisme précoce. Un enfant qui a enduré un stress prolongé peut présenter des accès d'agressivité, des comportements d'automutilation ou de dissociation, où il se « déconnecte » mentalement de son environnement comme mécanisme d'adaptation. Il ne s'agit pas ici d'un comportement de défiance ou d'opposition, mais plutôt d'une réponse protectrice orchestrée par le cerveau. Le système nerveux autonome, en particulier la branche parasympathique, joue un rôle clé dans cette réaction, passant souvent par défaut à un état de gel ou d'arrêt lorsque les réponses de combat ou de fuite ne sont plus durables.

La neuroplasticité, ou la capacité du cerveau à se recâbler et à s'adapter, donne de l'espoir aux enfants qui ont subi un traumatisme. Avec les bonnes interventions, le cerveau peut former de nouvelles connexions qui soutiennent la résilience et la régulation émotionnelle. Les soins tenant compte des traumatismes se concentrent sur la création d'environnements prévisibles et structurés dans lesquels les enfants se sentent en sécurité et soutenus. Pour les enfants autistes ou d'autres maladies neurodivergentes, cela peut impliquer d'utiliser des horaires visuels, des espaces sensoriels et des techniques de communication qui réduisent l'anxiété. L'établissement de stratégies de corégulation, dans lesquelles les soignants modélisent des réponses émotionnelles calmes et constantes, aide les enfants à apprendre à réguler leur propre système nerveux au fil du temps.

Les modalités thérapeutiques telles que la thérapie cognitivo-comportementale (TCC), la thérapie par le jeu et la désensibilisation et le retraitement des mouvements oculaires (EMDR) ont montré des avantages significatifs en aidant les enfants à gérer les traumatismes. La TCC aide à recadrer les schémas de pensée négatifs, tandis que la thérapie par le jeu permet aux jeunes enfants d'exprimer leurs émotions de manière non verbale et adaptée à leur développement. L'EMDR, bien que plus couramment utilisé chez les enfants plus âgés et les adultes, s'est avéré efficace pour aider à traiter les souvenirs traumatisants en réduisant leur intensité émotionnelle.

De plus, comprendre le rôle de l'axe intestin-cerveau dans la réponse aux traumatismes est crucial. De nouvelles recherches mettent en évidence la façon dont le stress précoce peut influencer le microbiome intestinal, entraînant une augmentation de l'inflammation et une altération de l'activité des neurotransmetteurs. De nombreux enfants ayant des antécédents de traumatismes présentent également des symptômes gastro-intestinaux, ce qui a un impact supplémentaire sur leur humeur et leur comportement. Une approche holistique du traitement doit donc envisager non seulement des interventions psychologiques et comportementales, mais également des modifications alimentaires favorables à la santé neurologique.

Les éducateurs, les soignants et les professionnels de la santé mentale doivent passer d'un modèle basé sur le déficit, dans lequel les enfants exposés à un traumatisme sont considérés comme « difficiles », à une approche basée sur les forces qui reconnaît leurs mécanismes de survie et leur capacité de croissance. Il est essentiel de valider leurs expériences, d'offrir un soutien inconditionnel et de favoriser des environnements qui renforcent la sécurité et la prévisibilité émotionnelle.

Une intervention précoce est essentielle. Plus un enfant reste longtemps dans un état de stress persistant, plus il devient difficile d'en inverser les effets sur le développement cérébral. Les écoles devraient intégrer des pratiques sensibles aux traumatismes, en veillant à ce que les politiques disciplinaires ne traumatisent pas à nouveau par inadvertance les enfants qui opèrent déjà dans la peur. Au lieu de mesures punitives, des stratégies alternatives telles que des exercices de pleine conscience, des pauses sensorielles et un mentorat thérapeutique devraient être utilisées.

Pour les familles, briser le cycle du traumatisme implique de s'attaquer aux modèles générationnels. Les parents qui ont eux-mêmes subi un traumatisme non résolu peuvent avoir du mal à fournir à leur enfant l'adaptation émotionnelle dont il a besoin. La thérapie familiale, le coaching parental et la psychoéducation sur l'attachement et le développement émotionnel peuvent être transformateurs en créant une guérison à long terme.

En tant que professionnels dans le domaine de la santé mentale, notre responsabilité est de plaider en faveur de politiques sensibles aux traumatismes, de doter les soignants des connaissances dont ils ont besoin et de continuer à promouvoir des approches de traitement fondées sur la recherche. Le traumatisme n'est pas simplement une blessure psychologique, c'est un événement neurobiologique qui modifie la trajectoire de vie d'un enfant. Cependant, grâce à une intervention éclairée, des soins empreints de compassion et une compréhension holistique de son impact, nous pouvons aider les enfants à rétablir la confiance, à retrouver un sentiment de sécurité et à développer la résilience nécessaire pour s'épanouir.

La guérison est possible, mais elle nécessite un effort multidisciplinaire incluant une collaboration psychologique, médicale, éducative et familiale. Le système nerveux de chaque enfant raconte une histoire. Il est de notre devoir d'écouter, d'interpréter et de réagir de manière à favoriser le rétablissement plutôt que de perpétuer la peur.

Le cerveau humain est plus adaptable pendant l'enfance, une période de développement neurologique rapide où les connexions entre les neurones se forment, se renforcent ou sont élaguées en fonction de l'expérience. Alors que les interactions positives favorisent une régulation émotionnelle saine, les traumatismes perturbent ces voies de développement, façonnant la croissance cognitive, émotionnelle et sociale de l'enfant d'une manière qui peut avoir des effets à long terme. Lorsque les enfants subissent un traumatisme, que ce soit à cause de négligence, de maltraitance, de stress chronique ou d'exposition à la violence, leur système nerveux s'adapte pour donner la priorité à la survie, souvent au détriment d'autres processus de développement essentiels. Cette adaptation n'est pas un choix conscient mais plutôt un changement neurobiologique qui influence la façon dont ils perçoivent le monde, interagissent avec les autres et réagissent au stress.

Dans la petite enfance, l'attachement joue un rôle essentiel dans la formation de la santé mentale. Un enfant solidement attaché apprend que le monde est un endroit sûr, où les soignants constituent une source fiable de confort et de protection. Cependant, les traumatismes, surtout lorsqu'ils sont infligés par ceux qui devraient être des sources de sécurité, perturbent cet apprentissage fondamental. Les enfants qui vivent dans des environnements de soins incohérents, négligents ou menaçants développent souvent un style d'attachement insécurisant. Dans les cas graves, ils peuvent présenter un trouble réactif de l'attachement (RAD), dans lequel ils ont du mal à nouer des liens émotionnels significatifs, ou un trouble de l'engagement social désinhibé (DSED), dans lequel ils montrent une volonté aveugle de faire confiance à des étrangers. Ces schémas ne sont pas des traits de personnalité mais l'adaptation du cerveau à l'imprévisibilité et à la détresse.

Les effets du traumatisme s'étendent au-delà des difficultés émotionnelles. L'axe hypothalamo-hypophyso-surrénalien (HPA), qui régule les hormones du stress comme le cortisol, devient dérégulé chez les enfants exposés à un traumatisme. Au lieu de répondre au stress de manière mesurée, l'axe HPA reste dans un état de réactivité accru ou s'émousse, entraînant des symptômes d'hyperexcitation (comme l'anxiété, l'hypervigilance et l'agressivité) ou de dissociation (comme l'engourdissement émotionnel et le retrait social). Cette dérégulation est souvent interprétée à tort comme un défi, une inattention ou une instabilité de l'humeur, en particulier chez les enfants neurodivergents, qui peuvent déjà être aux prises avec des différences de traitement sensoriel et des problèmes de fonctionnement exécutif.

Prenons l'exemple d'April, une fillette de quatre ans, qui a été retirée d'un foyer dangereux et placée en famille d'accueil. Au début, ses soignants ont remarqué qu'elle était émotionnellement distante, qu'elle évitait le contact visuel et qu'elle ne cherchait pas de réconfort lorsqu'elle était bouleversée. Au fil du temps, elle a commencé à manifester des explosions extrêmes face à des frustrations mineures. Ces comportements n'étaient pas le résultat d'un défi mais plutôt d'une manifestation du conditionnement de son système nerveux à l'instabilité. Ses réponses reflétaient une enfant luttant pour naviguer dans un monde où les adultes n'étaient pas des sources de sécurité fiables. Dans des cas comme celui d'avril, des interventions thérapeutiques telles que la thérapie dyadique du développement (DDT), qui vise à rétablir la confiance grâce à des soins adaptés, peuvent aider à rétablir des modèles d'attachement sains.

Pour les enfants atteints de troubles du spectre autistique (TSA) ou d'autres troubles neurodéveloppementaux, le traumatisme peut se présenter différemment. Leurs sensibilités sensorielles accrues peuvent rendre même des expériences négatives apparemment mineures profondément pénibles, amplifiant leurs réactions au changement, à l'imprévisibilité ou aux facteurs de stress environnementaux. Un enfant atteint de TSA qui subit un traumatisme médical, par exemple, peut développer une aversion extrême pour le toucher, les sons ou les contextes médicaux, réagissant par de graves crises lorsqu'il est confronté à des stimuli similaires. Dans de tels cas, les approches sensibles aux traumatismes doivent être adaptées pour tenir compte des besoins d'intégration sensorielle et des différences de traitement cognitif.

Le langage et le développement cognitif sont également considérablement affectés par les traumatismes. L'hippocampe, structure cérébrale essentielle à la mémoire et à l'apprentissage, est très sensible au stress. Les enfants exposés à une adversité continue peuvent avoir des difficultés en termes de mémoire de travail, d'acquisition du langage et de régulation de l'attention, qui sont tous essentiels à la réussite scolaire. Des études montrent que les enfants qui subissent un traumatisme au début de leur vie présentent souvent une flexibilité cognitive et un contrôle des impulsions inférieurs, ce qui peut conduire à des diagnostics erronés de troubles d'apprentissage ou de troubles du comportement. Les écoles qui ne prennent pas en compte les traumatismes peuvent involontairement exacerber les difficultés en mettant en œuvre des pratiques disciplinaires rigides plutôt que des stratégies tenant compte des traumatismes.

Le fonctionnement social est un autre domaine profondément influencé par les traumatismes précoces. Un enfant qui a souffert de stress chronique peut avoir des difficultés avec la réciprocité émotionnelle, ayant des difficultés à interpréter les signaux sociaux, à réguler ses réponses ou à s'engager dans un jeu coopératif. Dans des cas extrêmes, ils peuvent développer des traits insensibles et sans émotion comme mécanisme de défense contre la vulnérabilité. Cela ne signifie pas qu'ils manquent d'empathie, mais plutôt que leur cerveau a appris à supprimer l'expression émotionnelle pour éviter davantage de détresse. Des interventions telles que la thérapie par le jeu ou les programmes d'apprentissage socio-émotionnel (SEL) peuvent aider à restaurer ces capacités sociales essentielles en créant des opportunités structurées pour un engagement interpersonnel sûr.

Malgré l'impact profond du traumatisme, la plasticité du cerveau signifie que la guérison est toujours possible. Plus tôt un enfant reçoit des interventions appropriées, plus il a de chances de retrouver un sentiment de stabilité et de sécurité. Les soins tenant compte des traumatismes mettent l'accent sur les stratégies de prévisibilité, d'harmonisation et de régulation émotionnelle qui permettent aux enfants de rétablir la confiance dans leur environnement. Pour les jeunes enfants, cela pourrait impliquer d'incorporer des routines sensorielles et des techniques de co-régulation dans lesquelles les soignants modélisent des réponses calmes et prévisibles. Pour les enfants plus âgés, la thérapie cognitivo-comportementale (TCC) et la thérapie narrative peuvent aider à recadrer les souvenirs traumatisants de manière à réduire leur intensité émotionnelle.

La nutrition et la santé physique jouent également un rôle dans la récupération. L'axe intestin-cerveau, qui relie le microbiome aux fonctions émotionnelles et cognitives, peut être perturbé par le stress chronique. Les enfants qui ont subi un traumatisme présentent souvent des symptômes gastro-intestinaux, notamment le syndrome du côlon irritable (SCI) ou des sensibilités alimentaires. Une alimentation riche en acides gras oméga-3, en prébiotiques et en aliments riches en nutriments peut favoriser la récupération neurologique en réduisant l'inflammation et en favorisant l'équilibre des neurotransmetteurs.

Aborder les traumatismes de l'enfance nécessite une approche multidisciplinaire. Les pédiatres, les thérapeutes, les éducateurs et les soignants doivent travailler ensemble pour créer des environnements dans lesquels les enfants se sentent en sécurité, valorisés et compris. Cela signifie s'éloigner des modèles de discipline punitifs et plutôt favoriser des espaces où les enfants peuvent exprimer leurs émotions sans craindre d'être rejetés. Les écoles devraient intégrer des pratiques pédagogiques sensibles aux traumatismes, tandis que les familles devraient recevoir une formation sur la façon de reconnaître et d'y répondre de manière adaptée au développement.

En fin de compte, les traumatismes de l'enfance ne sont pas une condamnation à perpétuité. Avec le soutien approprié, les enfants peuvent apprendre à recadrer leurs expériences, à développer leur résilience et à établir des liens significatifs. Il est de notre responsabilité en tant que professionnels de veiller à ce qu'aucun enfant ne soit laissé seul face aux effets d'un traumatisme. La guérison ne consiste pas seulement à traiter les symptômes ; il s'agit de restaurer chez l'enfant la confiance en la sécurité, la confiance et la possibilité d'un avenir non façonné par l'adversité passée.

Le traumatisme est souvent compris à tort comme un événement unique qui laisse une blessure émotionnelle durable, mais en réalité, il existe sur un spectre, chaque type affectant le cerveau et le corps de manière distincte. La façon dont un enfant vit et traite un traumatisme est façonnée non seulement par la nature de l'événement lui-même, mais également par son stade de développement, son profil neurologique et la présence ou l'absence d'un environnement favorable. Le traumatisme ne réside pas simplement dans la mémoire ; il recâble les systèmes de réponse au stress du cerveau, modifie le fonctionnement cognitif et remodèle la régulation émotionnelle, souvent d'une manière qui se manifeste tout au long de la vie.

Lorsqu'un enfant subit **traumatisme aigu**, cela signifie qu'ils ont vécu un événement unique et intense qui submerge leur capacité à y faire face. Il peut s'agir d'un accident de voiture, d'une catastrophe naturelle, de la perte soudaine d'un être cher ou d'un incident violent. Dans ces cas, le système nerveux entre dans un état immédiat d'hyperexcitation, activant la réponse de combat ou de fuite. L'amygdale, le centre de traitement de la peur du cerveau, devient très active, envoyant des signaux indiquant que l'enfant est en danger. Pendant ce temps, le cortex préfrontal, responsable de la pensée rationnelle et de la prise de décision, s'arrête souvent en réponse à la menace perçue. Chez certains enfants, cela peut entraîner une manifestation immédiate de peur, de panique ou de dissociation. D'autres peuvent ne pas sembler affectés au début, mais les symptômes apparaissent des semaines ou des mois plus tard sous la forme de cauchemars, d'hypervigilance ou de changements d'humeur soudains.

Les enfants neurodivergents, comme ceux atteints d'un trouble du spectre autistique (TSA) ou d'un trouble déficitaire de l'attention/hyperactivité (TDAH), peuvent traiter différemment un traumatisme aigu. Leurs sensibilités sensorielles accrues peuvent les rendre plus réactifs aux événements soudains, avec un son fort ou une lumière vive déclenchant une réponse de stress exagérée. Par exemple, un enfant atteint de TSA impliqué dans un accident de voiture peut non seulement être bouleversé par l'accident lui-même, mais aussi avoir des difficultés à gérer les sensations sensorielles écrasantes des sirènes, des feux clignotants et des environnements hospitaliers inconnus. Parce que ces enfants ont souvent du mal à verbaliser leur détresse, leur traumatisme peut passer inaperçu, les soignants et les professionnels interprétant à tort leurs réactions comme des « problèmes de comportement » plutôt que comme de véritables signes de détresse psychologique.

Traumatisme chronique, en revanche, est l'exposition à des expériences pénibles répétées ou prolongées au fil du temps. Contrairement aux traumatismes aigus, qui sont soudains et choquants, les traumatismes chroniques sont insidieux et érodent le sentiment de sécurité et de prévisibilité de l'enfant. Cela peut inclure des abus physiques ou émotionnels continus, une négligence prolongée, le fait de vivre dans un ménage touché par la violence domestique ou un traumatisme médical dû à une maladie chronique. Dans ces cas, le cerveau de l'enfant n'a pas la possibilité de revenir à un état de calme de base car son système de réponse au stress reste activé pendant de longues périodes. L'inondation persistante de cortisol, la principale hormone du stress dans l'organisme, peut nuire au développement de l'hippocampe, une zone essentielle à la mémoire et à l'apprentissage. Au fil du temps, ces changements peuvent se manifester par des difficultés de concentration, d'impulsivité ou de dérégulation émotionnelle, qui peuvent être diagnostiquées à tort comme un TDAH ou un trouble oppositionnel avec provocation (ODD) plutôt que reconnues comme une adaptation liée à un traumatisme.

Dans certains cas, la frontière entre un traumatisme chronique et **traumatisme complexe** devient floue. Un traumatisme complexe survient lorsqu'un enfant est exposé à des expériences traumatisantes multiples et superposées, en particulier dans le contexte des relations interpersonnelles. Cela commence souvent tôt dans la vie et implique une trahison ou des préjudices de la part des soignants censés assurer protection et stabilité. Ce type de traumatisme est particulièrement dommageable car il perturbe la formation de liens d'attachement sécurisés, ce qui rend difficile pour les enfants de faire confiance aux autres ou de réguler leurs émotions. Les enfants qui subissent un traumatisme complexe peuvent développer des schémas de dissociation comme mécanisme de défense, « vérifiant » mentalement lorsque les situations semblent accablantes. Ils peuvent également présenter des difficultés avec leur identité, luttant contre un profond sentiment de honte, d'inadéquation ou de culpabilité.

Un adolescent qui a été victime de violence physique et de négligence depuis son plus jeune âge peut développer une stratégie défensive de fermeture émotionnelle. Elle évite le contact visuel, se retire des situations sociales et présente un manque d'expression émotionnelle, donnant l'impression qu'elle n'est pas affectée par ses expériences passées. Cependant, sous cet extérieur se cache un système nerveux conditionné à s'attendre au rejet et au préjudice. Lorsqu'elle est placée dans un cadre de soutien, comme une thérapie, elle peut avoir du mal à s'engager au début, car son cerveau a appris que la vulnérabilité est synonyme de danger. Se défaire de ces schémas profondément enracinés demande du temps, de la patience et une approche sensible aux traumatismes qui donne la priorité à la sécurité et à la confiance.

Les enfants atteints de troubles neurodéveloppementaux courent un risque accru de subir des traumatismes complexes, souvent dus à des malentendus répétés, à des besoins de soutien non satisfaits et à l'exclusion des pairs et de l'environnement social. Un enfant autiste qui est fréquemment victime d'intimidation à l'école, discipliné pour des comportements liés à une surcharge sensorielle et incompris à la maison peut intérioriser un sentiment d'indignité. Au fil du temps, cela entraîne une anxiété accrue, un évitement des interactions sociales et un risque accru de développer des comorbidités telles que la dépression ou le SSPT.

La guérison d'un traumatisme, qu'il soit aigu, chronique ou complexe, nécessite une approche qui reconnaît les facteurs biologiques, psychologiques et environnementaux en jeu. Les soins tenant compte des traumatismes mettent l'accent sur la prévisibilité, les stratégies de régulation émotionnelle et la guérison relationnelle. Les modalités thérapeutiques telles que la thérapie par le jeu pour les jeunes enfants, la thérapie comportementale dialectique (TCD) pour la dérégulation émotionnelle et la thérapie somatique pour le traitement des traumatismes physiologiques stockés peuvent aider les enfants à retrouver un sentiment de contrôle sur leurs expériences. La recherche neurobiologique a montré que s'engager dans des activités qui favorisent la corégulation, telles que le toucher par pression profonde, les mouvements rythmés et les pratiques de pleine conscience, peut aider à réinitialiser le système de réponse au stress, permettant aux enfants de passer progressivement d'un état d'hypervigilance à un état de stabilité émotionnelle.

Les écoles et les soignants jouent un rôle crucial dans ce processus de rétablissement. Les salles de classe sensibles aux traumatismes, où la discipline punitive est remplacée par des pratiques réparatrices, peuvent créer des environnements dans lesquels les enfants se sentent suffisamment en sécurité pour apprendre et s'exprimer. Les soignants qui s'engagent dans une parentalité adaptée et réactive, où la détresse d'un enfant est accueillie avec réconfort plutôt que rejet, peuvent aider à remodeler les voies neuronales qui ont été programmées pour la peur. Plus important encore, reconnaître que le traumatisme n'est pas simplement un problème de comportement mais qu'une adaptation physiologique et psychologique est essentielle pour favoriser une véritable guérison.

Comprendre les nuances d'un traumatisme ne consiste pas seulement à étiqueter les expériences, mais aussi à reconnaître comment elles façonnent le développement du cerveau et du comportement. L'histoire de chaque enfant est différente, mais un fil conducteur demeure : avec le bon soutien, le traumatisme ne doit pas nécessairement définir son avenir. La capacité de résilience et de réparation du cerveau est immense. Grâce à une combinaison d'intervention thérapeutique, de guérison relationnelle et d'engagement envers des pratiques sensibles aux traumatismes, les enfants peuvent apprendre à aller au-delà de la survie et entrer dans une vie définie non pas par la peur mais par la force, la sécurité et l'autonomisation.

Le traumatisme ne s'annonce pas toujours par des blessures visibles ou des effondrements dramatiques. Au lieu de cela, il persiste souvent sous la surface, façonnant le comportement, la cognition et les réponses émotionnelles d'une manière qui peut facilement être mal comprise. Un enfant qui a vécu un traumatisme n'a peut-être pas les mots pour décrire ce qu'il ressent, mais son corps et son comportement communiqueront sa détresse. Reconnaître les signes d'un traumatisme nécessite plus que simplement observer les symptômes, cela nécessite de comprendre comment le cerveau et le système nerveux s'adaptent à un stress accablant, en particulier dans l'esprit en développement des enfants.

Les réponses des enfants au traumatisme varient considérablement, influencées par des facteurs tels que leur âge, leur tempérament, leur profil neurodéveloppemental et la nature de l'expérience traumatique elle-même. Le même événement qu'un enfant traite et dont il s'éloigne peut provoquer chez un autre enfant une profonde dérégulation émotionnelle. Cette variabilité conduit souvent à des interprétations erronées, où les comportements liés à un traumatisme sont qualifiés de troubles de défi, de recherche d'attention ou même d'opposition plutôt que reconnus comme des signaux de détresse provenant d'un système nerveux dérégulé.

L'un des signes les plus révélateurs d'un traumatisme chez les enfants est **dérégulation émotionnelle**. Un enfant exposé à un stress chronique peut avoir une amygdale hyperactive, la partie du cerveau chargée de détecter les menaces. Cette sensibilité accrue conduit à des réactions de peur exagérées, même dans des situations où il n'y a pas de danger immédiat. Un enfant qui fond soudainement en larmes à cause de frustrations mineures a des accès de violence apparemment sortis de nulle part ou qui semble trop anxieux dans un environnement sûr, réagit souvent à un système nerveux qui a été conditionné à s'attendre au danger. Au lieu d'une réponse mesurée, leur cerveau passe en mode survie, combat, fuite, gel ou faon, car les expériences passées leur ont appris que l'imprévisibilité peut être source de mal.

Prenons l'exemple d'un garçon de cinq ans, Noah, qui devient visiblement bouleversé lorsqu'on lui demande de passer d'une activité à une autre. Son professeur de maternelle suppose qu'il est difficile, mais en réalité, le système nerveux de Noah a du mal à s'adapter. Si son enfance a été marquée par l'instabilité, comme des déménagements fréquents entre familles d'accueil ou un environnement de soins négligent, son cerveau a appris à associer le changement à l'insécurité. Chaque transition ressemble à une menace potentielle, déclenchant la panique plutôt que la capacité d'adaptation. Sans en reconnaître la cause profonde, ses professeurs peuvent le discipliner pour « ne pas avoir suivi les instructions », renforçant ainsi sa crainte que les adultes soient imprévisibles et dangereux.

Au-delà de la réactivité émotionnelle, **changements de comportement** peut fournir des indices sur l'impact du traumatisme. Certains enfants se replient sur eux-mêmes, évitent les interactions sociales et s'isolent de leurs amis et de leurs tuteurs. D'autres adoptent des comportements à risque, tels que l'agressivité, l'automutilation ou la destructivité, comme moyen d'exercer un contrôle dans un monde qui semble incontrôlable. Ces comportements ne sont pas simplement des « passages à l'acte », ce sont des réponses de survie. En cas de traumatisme complexe, où l'enfant a vécu une exposition prolongée à la détresse, il peut alterner entre une hyperexcitation (tension constante, accès de colère, impulsivité) et une hypoexcitation (engourdissement émotionnel, dissociation, léthargie). Cette fluctuation peut être confondue avec des troubles de l'humeur alors qu'en réalité, il s'agit de la façon dont l'organisme gère un stress insupportable.

Les enfants neurodivergents, en particulier ceux qui ont **trouble du spectre autistique (TSA) ou trouble de déficit de l'attention/hyperactivité (TDAH)**, expriment souvent le traumatisme différemment. Leurs systèmes de traitement sensoriel sont déjà plus finement réglés que ceux de leurs pairs neurotypiques, ce qui les rend plus vulnérables au stress traumatique. Un enfant atteint de TSA qui a subi un traumatisme médical, par exemple, peut développer une résistance extrême aux médecins, aux hôpitaux ou même à l'odeur d'un antiseptique. Au lieu d'exprimer leur peur de manière habituelle, ils peuvent s'effondrer, se livrer à une écholalie (discours répétitif) ou afficher une augmentation des comportements répétitifs comme se balancer ou battre des mains. Étant donné que ces réactions correspondent aux traits de TSA, les soignants et les professionnels peuvent négliger le traumatisme sous-jacent, en supposant que les comportements font simplement partie du profil neurodéveloppemental de l'enfant.

Dans de nombreux cas, le traumatisme se manifeste également par **comportements régressifs**. Un enfant qui était auparavant propre peut recommencer à avoir des accidents. Celui qui dormait seul pouvait soudainement refuser de dormir seul, en proie à des cauchemars et des terreurs nocturnes. Des retards d'élocution ou une perte des compétences linguistiques peuvent également survenir, en particulier chez les jeunes enfants, car le cerveau réaffecte ses ressources à la survie plutôt qu'au fonctionnement cognitif supérieur. Ces changements sont particulièrement fréquents chez les enfants de moins de cinq ans, dont les compétences linguistiques sont encore en développement et qui peuvent manquer de capacité verbale pour exprimer leur détresse.

Le le corps lui-même porte souvent l'empreinte d'un traumatisme, même lorsqu'un enfant ne peut pas verbaliser ses expériences. Les symptômes psychosomatiques, tels que des maux d'estomac fréquents, des maux de tête, des étourdissements ou des douleurs inexpliquées, sont fréquents chez les enfants exposés à un traumatisme. Ces plaintes physiques ne sont pas fabriquées de toutes pièces ; ils reflètent la manière dont le stress perturbe le système nerveux autonome. La connexion intestin-cerveau joue ici un rôle essentiel, car le stress chronique peut entraîner des problèmes gastro-intestinaux, des changements d'appétit et même une suppression du système immunitaire. Les enfants qui déclarent fréquemment qu'ils se sentent « malades » mais n'ont aucun problème de santé identifiable doivent être évalués pour déceler une détresse émotionnelle, en particulier si d'autres symptômes liés à un traumatisme sont présents.

Un autre signe de traumatisme souvent négligé est **hypervigilance**, où un enfant semble constamment nerveux, scrutant son environnement à la recherche de signes de danger. Ils peuvent sursauter facilement, avoir des difficultés à se concentrer ou avoir du mal à rester assis, non pas parce qu'ils sont inattentifs, mais parce que leur système nerveux les prépare à la prochaine menace potentielle. À l'école, cela peut être diagnostiqué à tort comme un TDAH, ce qui conduit à des interventions inappropriées axées sur la modification du comportement plutôt que sur le traumatisme sous-jacent.

À l'autre extrémité du spectre, certains enfants présentent **dissociation**, un mécanisme de défense par lequel ils se « déconnectent » mentalement de leur environnement. Au lieu de paraître anxieux ou agités, ces enfants peuvent sembler détachés, détachés ou émotionnellement plats. Ils peuvent regarder dans le vide pendant les conversations, ne pas répondre à leur nom ou sembler ignorer ce qui se passe autour d'eux. Dans les cas extrêmes, la dissociation peut se manifester par une dépersonnalisation (se sentir déconnecté de son corps) ou une déréalisation (sentiment comme si le monde qui l'entoure n'était pas réel). Cette stratégie d'adaptation se développe lorsqu'un enfant a été exposé à une peur accablante et n'a aucun moyen de s'échapper, de sorte que son cerveau le protège en mettant fin à son engagement émotionnel.

Reconnaître un traumatisme chez les enfants n'est pas toujours facile, mais une identification précoce est essentielle à l'intervention et au rétablissement. Une approche tenant compte des traumatismes nécessite de regarder au-delà des comportements superficiels et de comprendre les racines neurologiques et psychologiques de la détresse d'un enfant. Les écoles et les tuteurs doivent passer d'un modèle basé sur la punition à un cadre relationnel et solidaire dans lequel les enfants se sentent suffisamment en sécurité pour exprimer leurs émotions sans crainte d'être jugés.

Créer des environnements sensibles aux traumatismes implique plus que simplement réduire les facteurs de stress ; cela signifie encourager activement **prévisibilité, sécurité et confiance.** Cela pourrait inclure des routines cohérentes, des soignants à l'écoute des émotions et des espaces où les enfants ont l'autonomie nécessaire pour s'exprimer d'une manière qui leur semble sûre. Des adaptations sensorielles, des stratégies de co-régulation et l'accès à une thérapie tenant compte des traumatismes, comme la thérapie cognitivo-comportementale (TCC) ou la thérapie par le jeu, peuvent aider les enfants à traiter et à guérir des expériences traumatisantes de manière adaptée à leur développement.

Comprendre les signes de traumatisme chez les enfants nécessite de passer d'un état d'esprit du genre « Qu'est-ce qui ne va pas chez cet enfant ? » à "Qu'est-ce que cet enfant a vécu?" Aucun enfant n'est intrinsèquement « difficile » ou « provocant », leurs comportements sont simplement des adaptations à un monde qui, à un moment donné, s'est senti dangereux. Lorsque les professionnels, les soignants et les éducateurs apprennent à reconnaître ces signes dès le début, ils peuvent intervenir de manière à favoriser la guérison plutôt que de renforcer la peur. Le système nerveux de chaque enfant raconte une histoire, et il est de notre responsabilité d'écouter, de réagir avec empathie et de créer des environnements qui leur permettent d'aller au-delà de la survie vers la résilience et le rétablissement.

Guérir d'un traumatisme ne consiste pas à effacer des souvenirs ou à forcer un enfant à « passer à autre chose ». Le traumatisme est stocké dans le corps et le cerveau, façonnant les réponses au monde longtemps après la fin de l'événement pénible. L'objectif des soins tenant compte des traumatismes n'est pas seulement de traiter les symptômes, mais aussi de rétablir le sentiment de sécurité, de contrôle et de connexion de l'enfant. Le rétablissement est un processus qui nécessite de la patience, de la cohérence et une compréhension de la façon dont le traumatisme affecte le développement du cerveau, la régulation émotionnelle et les interactions sociales. Pour de nombreux enfants, en particulier ceux souffrant de troubles du développement neurologique comme les troubles du spectre autistique (TSA) ou le trouble déficitaire de l'attention/hyperactivité (TDAH), le chemin vers la guérison nécessite une approche personnalisée qui respecte leur profil neurologique unique.

Les enfants ne se remettent pas d'un traumatisme simplement parce qu'ils sont éloignés d'un environnement nocif. Si leur système nerveux a été conditionné à s'attendre au danger, ils continueront à fonctionner en mode survie, même dans des espaces sûrs. Une approche tenant compte des traumatismes commence par la création **prévisibilité**. Le cerveau a soif de structure, surtout après avoir vécu le chaos. Lorsque les routines sont perturbées, les enfants qui ont subi un traumatisme peuvent interpréter cela comme le signe que quelque chose de grave est sur le point de se produire. L'établissement de routines cohérentes, d'heures de repas prévisibles, de rituels au coucher et de transitions structurées contribue à créer une base de stabilité. Même de petits changements, comme fournir des horaires visuels aux enfants neurodivergents ou utiliser des avertissements de transition avant de changer d'activité, peuvent faire une différence significative en les aidant à retrouver un sentiment de contrôle.

Sécurité relationnelle est tout aussi critique que la stabilité environnementale. Les enfants qui ont vécu un traumatisme ont souvent du mal à faire confiance. Si un soignant provoque de la détresse, il peut considérer toutes les figures d'autorité comme imprévisibles, voire dangereuses. Certains peuvent devenir trop dociles, cherchant à apaiser les adultes pour éviter les conflits, tandis que d'autres peuvent rejeter complètement la proximité, évitant le contact visuel ou l'intimité émotionnelle. Dans les soins tenant compte des traumatismes, les relations ne se construisent pas par une confiance forcée mais par **attunement**, la capacité des soignants et des professionnels à reconnaître et à réagir à l'état émotionnel d'un enfant d'une manière non menaçante et validante. Au lieu d'insister sur une communication verbale immédiate, certains enfants peuvent se sentir plus en sécurité en s'exprimant par le biais de l'art, du jeu ou d'interactions sensorielles. Un enfant qui a des difficultés avec le contact physique en raison d'un traumatisme passé ne devrait pas être forcé de se serrer dans ses bras, mais plutôt se voir proposer d'autres moyens de se connecter, comme des jeux parallèles ou des activités partagées qui ne nécessitent pas d'interaction directe.

Le système nerveux doit être **réglementé avant de pouvoir être raisonné**. De nombreuses méthodes de discipline traditionnelles se concentrent sur la logique, demandant à un enfant d'expliquer ses actions ou s'attendant à ce qu'il se « calme ». Mais pour un enfant traumatisé, le raisonnement logique est inaccessible dans les moments de détresse. Lorsque l'amygdale est hyperactivée, le cortex préfrontal, le centre du cerveau chargé du raisonnement et de la résolution de problèmes, se déconnecte. Attendre une autorégulation sans assurer au préalable une corégulation est inefficace. Les soins tenant compte des traumatismes impliquent **aider un enfant à réguler son système nerveux grâce à des techniques de co-régulation** avant de s'attendre à ce qu'ils traitent ou réfléchissent à leurs émotions. Cela peut impliquer des exercices de respiration profonde, des activités rythmiques comme se balancer ou tapoter, ou des stratégies d'apaisement sensorielles telles que des couvertures lestées ou une thérapie par pression. Un enfant en mode crise n'a pas besoin de punition ; ils ont besoin de sécurité.

Pour les enfants neurodivergents, les thérapies traditionnelles de traumatologie doivent être adaptées. De nombreuses approches thérapeutiques reposent fortement sur le traitement verbal, mais tous les enfants ne peuvent pas exprimer leurs expériences avec des mots. **Thérapies somatiques**, qui se concentrent sur la guérison basée sur le corps, peut être particulièrement efficace pour les enfants qui ont des difficultés avec la communication verbale. Des techniques telles que la stimulation par pression profonde, la thérapie par le mouvement et les exercices d'intégration sensorielle aident les enfants à se débarrasser des traumatismes stockés dans le corps sans avoir besoin de verbaliser des souvenirs douloureux.

Ava était une fillette de 11 ans qui a été retirée d'un foyer violent et placée dans une famille d'accueil. Ava parlait rarement de son passé mais faisait preuve d'une sensibilité sensorielle extrême, elle reculait face aux bruits forts, tressaillait face aux mouvements brusques et évitait le contact visuel. La thérapie traditionnelle par la parole s'est avérée inefficace parce qu'Ava s'est arrêtée lorsqu'on lui a posé des questions directes sur son traumatisme.

Cependant, lorsqu'on lui présente **thérapie assistée par les chevaux**, où elle travaillait avec des chevaux dans un environnement contrôlé et structuré, son corps a commencé à se détendre. Le mouvement rythmique du toilettage et de la conduite du cheval a aidé à réguler son système nerveux, lui permettant de traiter ses émotions de manière sûre. C'était la base dont elle avait besoin avant de pouvoir commencer à traiter son traumatisme par le biais d'une thérapie plus structurée.

Autonomiser les enfants par le choix est une autre pierre angulaire du rétablissement tenant compte des traumatismes. Le traumatisme prive les enfants de leur liberté d'action, les laissant impuissants. Permettre aux enfants de faire de petits choix, quel livre lire à l'heure du coucher, quelle collation prendre ou où s'asseoir dans une classe, reconstruit leur sentiment de contrôle. Cependant, le choix doit être structuré ; donner trop d'options peut être écrasant. Au lieu de demander à un enfant anxieux : « Que veux-tu pour le dîner ? une approche plus adaptée aux traumatismes serait : « Voudriez-vous des spaghettis ou du poulet ce soir ? Cette approche aide l'enfant à retrouver un sentiment d'autonomie sans déclencher de lassitude face aux décisions.

Une salle de classe ou un environnement familial tenant compte des traumatismes donne la priorité **connexion sur correction**. La discipline traditionnelle se concentre sur les conséquences, mais une approche sensible aux traumatismes se concentre sur **enseignement** plutôt que de punir. Un enfant qui se déchaîne exprime souvent de la détresse et non du défi. Au lieu de les isoler, les soignants conscients des traumatismes réagissent avec curiosité : « *De quoi as-tu besoin maintenant ?* » plutôt que *"Pourquoi as-tu fait ça?"* L'objectif n'est pas de laisser les comportements incontrôlés, mais de reconnaître que les problèmes de comportement sont souvent enracinés dans des besoins non satisfaits. Pour les enfants souffrant de traumatismes complexes, une discipline basée sur la honte ne fait que renforcer les sentiments d'indignité et de méfiance. Les approches réparatrices, dans lesquelles les conflits sont résolus par des conversations guidées et une validation émotionnelle, sont plus efficaces pour favoriser la résilience à long terme.

Sommeil, alimentation et activité physique jouent également un rôle crucial dans la récupération après un traumatisme. Le cerveau et le corps sont profondément connectés et le stress chronique peut perturber les habitudes de sommeil, la santé intestinale et la régulation énergétique. De nombreux enfants exposés à des traumatismes subissent **troubles du sommeil,** comme des terreurs nocturnes, des réveils fréquents ou des difficultés à s'endormir en raison d'une hypervigilance. Créer des routines au coucher qui incluent des apports sensoriels apaisants, comme des couvertures lestées, de la musique douce ou une relaxation guidée, peut favoriser un sommeil réparateur. De plus, une alimentation riche en acides gras oméga-3, en probiotiques et en magnésium peut aider à réguler les neurotransmetteurs liés à la stabilité émotionnelle. Encourageant **activités basées sur le mouvement,** comme le yoga, les arts martiaux ou la danse, peuvent aider les enfants à renouer avec leur corps de manière stimulante.

La guérison n'est pas linéaire et les revers font partie du processus. Un enfant qui semble faire des progrès peut soudainement régresser, affichant d'anciennes réactions traumatisantes lorsqu'il est déclenché par un nouveau facteur de stress. Les soignants informés sur les traumatismes comprennent que **la régression n'est pas un échec, c'est le signe que l'enfant a encore besoin d'être rassuré sur sa sécurité**. Au lieu de réagir avec frustration, une approche tenant compte des traumatismes va à l'encontre de l'enfant là où il se trouve, lui rappelant par des actions cohérentes qu'il est soutenu et non puni pour ses luttes.

En fin de compte, l'outil le plus puissant en matière de récupération après un traumatisme est **connexion humaine**. Les enfants guérissent non seulement grâce à la thérapie, mais aussi grâce à des relations qui renforcent leur valeur. Un enfant qui a subi un traumatisme n'a pas besoin d'être « réparé » ; ils doivent être **vu, entendu et compris** d'une manière qui leur permet de reconstruire leur sentiment de sécurité interne. Que ce soit par l'intermédiaire d'un thérapeute, d'un enseignant, d'un soignant ou d'un ami de confiance, avoir un adulte stable et à l'écoute peut faire la différence entre un enfant qui reste coincé en mode survie ou qui apprend à s'épanouir.

Le chemin vers la guérison d'un traumatisme est long, mais il n'est pas impossible. Avec **stratégies tenant compte des traumatismes qui donnent la priorité à la sécurité, à la réglementation et à la connexion**, les enfants peuvent dépasser la peur et accéder à un espace où ils peuvent grandir, avoir confiance et retrouver la joie. Leur passé peut les façonner, mais il ne doit pas nécessairement les définir. Grâce à des soins intentionnels et empreints de compassion, nous pouvons les aider à reconquérir leur avenir, non pas en tant que survivants, mais en tant qu'individus capables de mener une vie pleine et pleine de sens.

CHAPITRE SEPT : LE LIEN ENTRE LA SANTÉ PHYSIQUE ET MENTALE

L'esprit et le corps ne sont pas des entités distinctes fonctionnant de manière isolée. Chaque fonction physiologique influence la cognition, les émotions et le comportement. Chez les enfants, en particulier ceux souffrant de troubles neurodéveloppementaux comme les troubles du spectre autistique (TSA) ou le trouble déficitaire de l'attention/hyperactivité (TDAH), ce lien est encore plus prononcé. Le cerveau dépend de la santé globale du corps pour fonctionner de manière optimale, et les perturbations du bien-être physique peuvent se manifester par une instabilité émotionnelle, des déficits cognitifs et des problèmes de comportement. Lorsque les soignants et les professionnels envisagent la santé mentale sous un angle purement psychologique, ils risquent de passer à côté de facteurs biologiques essentiels qui pourraient affecter la capacité d'un enfant à s'autoréguler, à apprendre et à s'engager dans le monde.

Le système nerveux d'un enfant ne fonctionne pas en vase clos. Elle est influencée par la qualité du sommeil, la nutrition, la santé intestinale, le mouvement et les facteurs de stress environnementaux. Les perturbations dans l'un de ces domaines peuvent altérer les processus de développement neurologique, rendant plus difficile pour un enfant de faire face à l'anxiété, à la dépression ou à un traumatisme. Le sommeil, par exemple, est l'un des régulateurs les plus importants de la stabilité émotionnelle, mais de nombreux enfants atteints de TSA, de TDAH ou de troubles du traitement sensoriel souffrent de troubles du sommeil. Lorsqu'un enfant souffre d'un manque chronique de sommeil, le cortex préfrontal, responsable du fonctionnement exécutif, du contrôle des impulsions et de la régulation émotionnelle, ne peut pas fonctionner correctement. Un cerveau fatigué est un cerveau irritable, ce qui rend les explosions émotionnelles, les sensibilités sensorielles et les déficits d'attention plus prononcés. Il n'est pas rare qu'un enfant souffrant d'apnée du sommeil ou du syndrome des jambes sans repos non diagnostiqué reçoive un diagnostic erroné de troubles du comportement alors qu'en réalité, son cerveau est simplement fatigué et incapable de s'autoréguler.

Au-delà du sommeil, l'axe intestin-cerveau joue un rôle puissant dans la santé mentale, en particulier chez les enfants neurodivergents. Le microbiome, composé de milliards de bactéries présentes dans le tractus gastro-intestinal, communique directement avec le système nerveux central via le nerf vague. Lorsque les bactéries intestinales sont déséquilibrées en raison d'une mauvaise alimentation, d'un stress chronique ou d'une utilisation fréquente d'antibiotiques, l'inflammation augmente et la production de neurotransmetteurs est affectée. De nombreux enfants atteints de TSA ou de troubles anxieux souffrent de problèmes gastro-intestinaux tels que le syndrome du côlon irritable (SCI), des ballonnements et une constipation chronique. Ces inconforts physiques ne provoquent pas seulement de la douleur ; ils influencent l'humeur, l'attention et le comportement. La sérotonine, un neurotransmetteur fortement impliqué dans la régulation de l'humeur, est principalement produite dans l'intestin. Si la santé intestinale est compromise, les niveaux de sérotonine peuvent être dérégulés, entraînant une augmentation de l'anxiété et de l'instabilité émotionnelle.

Le mouvement physique est un autre élément essentiel du bien-être mental qui est souvent négligé dans les plans de traitement traditionnels en santé mentale. Le corps a été conçu pour le mouvement et une activité physique régulière soutient les fonctions cognitives, la résilience émotionnelle et l'intégration sensorielle. Pour les enfants atteints de TDAH, l'exercice augmente la production de dopamine et de noradrénaline, améliorant ainsi l'attention et réduisant l'impulsivité. Il a été démontré que des activités comme les arts martiaux, la natation et le yoga améliorent l'autorégulation en fournissant un apport proprioceptif qui aide les enfants à développer une meilleure conscience corporelle et une meilleure coordination motrice. Pour un enfant atteint de TSA qui souffre de surcharge sensorielle, des activités rythmiques telles que rebondir sur un trampoline ou faire des exercices à pression profonde peuvent réguler le système nerveux et réduire l'anxiété. Le mouvement n'est pas seulement une question de forme physique ; c'est une forme d'autorégulation qui stabilise l'humeur et améliore la connectivité neuronale.

Le temps passé devant un écran joue également un rôle important dans la relation entre la santé physique et mentale. Bien que la technologie puisse être un outil précieux, une exposition excessive aux écrans, en particulier à des contenus à forte stimulation, peut perturber les cycles de sommeil, augmenter l'anxiété et contribuer à une dérégulation émotionnelle. La lumière bleue émise par les écrans interfère avec la production de mélatonine, retardant l'endormissement et réduisant la qualité du sommeil. De plus, la nature rapide et surstimulante des médias numériques peut conditionner le cerveau d'un enfant à avoir constamment envie de nouveauté, ce qui rend difficile pour lui de s'engager dans une attention soutenue ou de tolérer l'ennui. De nombreux parents signalent que leurs enfants deviennent irritables, agressifs ou dérégulés émotionnellement après une utilisation prolongée de l'écran, mais ne parviennent pas à relier cette réponse à l'impact physiologique de la surstimulation numérique. Une approche équilibrée de l'utilisation de la technologie, avec des périodes structurées sans écran, est essentielle au maintien de la santé cognitive et émotionnelle.

L'équilibre biochimique du corps joue également un rôle crucial dans la régulation de l'humeur. Les carences en nutriments essentiels tels que le magnésium, les acides gras oméga-3 et la vitamine D ont été associées à une augmentation de l'anxiété, de la dépression et du dysfonctionnement cognitif. Le magnésium, par exemple, soutient le système nerveux en régulant les hormones du stress et en favorisant la relaxation. De nombreux enfants atteints de TDAH ou de troubles anxieux présentent une carence en magnésium, ce qui entraîne une irritabilité et une agitation accrues. Les acides gras oméga-3, en particulier l'EPA et le DHA, sont essentiels au fonctionnement cérébral et il a été démontré qu'ils réduisent les symptômes d'anxiété et de dépression chez les enfants. L'exposition au soleil, qui aide l'organisme à produire de la vitamine D, est également liée à la régulation de la sérotonine, soulignant encore davantage l'importance du jeu en plein air pour le bien-être mental.

Une approche de la santé mentale tenant compte des traumatismes doit reconnaître que le corps retient le stress d'une manière qui influence le comportement et la cognition. Le stress chronique entraîne une activation prolongée de l'axe hypothalamo-hypophyso-surrénalien (HPA), augmentant les niveaux de cortisol et maintenant le corps dans un état d'alerte constant. Cela peut entraîner des symptômes qui imitent le TDAH, tels que des difficultés de concentration, de l'impulsivité et des explosions émotionnelles. Lorsque le traumatisme est stocké dans le corps, la thérapie traditionnelle par la parole à elle seule peut ne pas suffire. Les approches intégratives, telles que la thérapie par le yoga, la réduction du stress basée sur la pleine conscience (MBSR) et les interventions à pression profonde, peuvent aider les enfants à libérer les tensions stockées et à développer des compétences d'autorégulation.

La guérison ne peut pas être compartimentée. L'enfant qui a des difficultés à se concentrer n'a peut-être pas besoin d'un médicament stimulant au préalable ; ils peuvent avoir besoin d'un meilleur sommeil, d'une meilleure nutrition et de mouvements structurés. L'enfant souffrant d'anxiété chronique n'a peut-être pas besoin de séances de thérapie interminables ; ils peuvent avoir besoin d'un soutien en matière de santé intestinale et de techniques de régulation sensorielle. Lorsque les soignants, les éducateurs et les professionnels de la santé mentale commencent à considérer la santé mentale comme une interaction holistique entre des facteurs biologiques et psychologiques, les plans de traitement deviennent plus efficaces, compatissants et durables.

En fin de compte, l'esprit et le corps fonctionnent comme un système intégré, et aucune intervention en santé mentale n'est complète sans s'attaquer aux composants physiques qui influencent la cognition, l'humeur et le comportement. Le système nerveux d'un enfant n'est pas brisé ; il répond à son environnement interne et externe. Lorsque nous abordons la santé physique dans le cadre d'une stratégie globale de santé mentale, nous donnons aux enfants la meilleure base possible pour leur résilience, leur croissance et leur stabilité émotionnelle. La clé pour aider les enfants à guérir ne réside pas dans une seule intervention mais dans une approche multidisciplinaire qui honore le lien complexe entre le cerveau et le corps. Plus le corps est sain, plus l'esprit est fort.

Le sommeil est l'un des facteurs les plus négligés, mais pourtant essentiels, de la santé mentale d'un enfant. Le cerveau ne s'arrête pas simplement la nuit ; il s'engage dans des processus neurophysiologiques complexes qui régulent les émotions, consolident l'apprentissage et restaurent la fonction cognitive. Lorsque le sommeil est perturbé, que ce soit à cause de l'anxiété, de facteurs environnementaux ou de problèmes médicaux sous-jacents, la capacité du cerveau à traiter les émotions et à maintenir son autorégulation est gravement compromise. Le sommeil n'est pas seulement du repos ; il s'agit d'une nécessité biologique fondamentale qui influence l'humeur, l'attention, le traitement sensoriel et la stabilité neurologique globale d'un enfant.

La relation entre le sommeil et la santé mentale est particulièrement prononcée chez les enfants neurodivergents, notamment ceux atteints de troubles du spectre autistique (TSA), de trouble déficitaire de l'attention/hyperactivité (TDAH) et de différences de traitement sensoriel. De nombreux enfants de ces populations souffrent de difficultés chroniques de sommeil, allant d'un début de sommeil retardé à des réveils nocturnes fréquents et à des cycles de sommeil fragmentés. L'impact d'un mauvais sommeil s'étend au-delà de la fatigue diurne ; cela exacerbe la dérégulation émotionnelle, les sensibilités sensorielles et l'impulsivité, ce qui rend difficile pour les enfants de s'orienter dans leurs expériences quotidiennes.

Pour comprendre comment le manque de sommeil affecte la santé mentale, il est important de considérer son impact sur le cortex préfrontal, la région du cerveau responsable du fonctionnement exécutif, du contrôle des impulsions et de la régulation émotionnelle. Lorsqu'un enfant est bien reposé, le cortex préfrontal fonctionne de manière optimale, l'aidant à gérer ses émotions, à planifier sa journée et à réagir de manière appropriée aux interactions sociales. Cependant, lorsque le sommeil est insuffisant, le cerveau passe en mode survie. L'amygdale, la partie du cerveau chargée de détecter les menaces, devient hyperactive, ce qui rend l'enfant plus réactif émotionnellement, anxieux ou sujet aux crises. Pendant ce temps, le cortex préfrontal, qui aide normalement à réguler les impulsions, devient lent, entraînant des difficultés dans la prise de décision et la maîtrise de soi. C'est pourquoi les enfants privés de sommeil sont plus susceptibles d'éprouver des sautes d'humeur, de l'irritabilité et des difficultés de concentration à l'école.

Ethan souffre de TDAH et souffre d'insomnie d'endormissement. Bien qu'il soit placé sous traitement stimulant pour des problèmes d'attention, ses professeurs rapportent qu'il continue de faire preuve d'une hyperactivité extrême, d'explosions émotionnelles et de difficultés à suivre les instructions. Après une évaluation plus approfondie, ses parents révèlent qu'Ethan reste souvent éveillé après minuit, incapable de « éteindre » ses pensées. Son manque de sommeil alimente ses symptômes de TDAH, créant un cercle vicieux. Sans résoudre ses problèmes de sommeil, aucune intervention comportementale ou médicamenteuse ne résoudra complètement ses difficultés d'attention.

Au-delà du contrôle de l'humeur et des impulsions, la privation de sommeil a un impact direct sur la consolidation de la mémoire et l'apprentissage. Pendant le sommeil profond, le cerveau organise et stocke de nouvelles informations, supprimant les connexions neuronales inutiles tout en renforçant les plus importantes. Lorsque les enfants ne dorment pas suffisamment, leur capacité à retenir des informations est considérablement altérée, ce qui rend difficile leur réussite scolaire. Ceci est particulièrement préoccupant pour les enfants atteints de TSA, qui ont souvent des difficultés avec leur flexibilité cognitive et ont besoin de plus de temps pour traiter de nouveaux concepts. Si un enfant autiste est également aux prises avec un manque chronique de sommeil, il peut paraître encore plus renfermé, anxieux ou résistant au changement, non pas à cause de son autisme lui-même, mais parce que son cerveau est trop fatigué pour réguler les émotions et les transitions.

Les différences de traitement sensoriel sont l'un des facteurs les plus courants, mais souvent négligés, des troubles du sommeil chez les enfants. Les enfants souffrant de sensibilités sensorielles peuvent trouver certains tissus, bruits ou niveaux de lumière perturbateurs de leur sommeil. Un enfant atteint de TSA peut avoir des difficultés avec la sensation des draps ou être submergé par les bruits de fond que les enfants neurotypiques ignorent facilement. D'autres peuvent avoir des difficultés à reconnaître les signaux de sommeil de leur corps en raison de problèmes d'intéroception, qui affectent leur capacité à interpréter les signaux internes comme la faim, la soif ou la fatigue. Ces enfants n'ont pas besoin de discipline pour « refuser » de dormir ; ils ont besoin d'environnements adaptés à leurs besoins sensoriels, comme des couvertures lestées, des rideaux occultants ou des machines à bruit blanc.

Le rôle de **rythmes circadiens** en santé mentale ne peut être ignoré. L'horloge interne du corps, qui régule le cycle veille-sommeil, est influencée par des signaux externes tels que l'exposition à la lumière, l'heure des repas et les niveaux d'activité. De nombreux enfants, en particulier ceux atteints de TDAH, souffrent **syndrome de phase de sommeil retardée (DSPS)**, une condition dans laquelle leur horloge biologique est décalée plus tard, ce qui rend difficile l'endormissement aux heures de coucher

conventionnelles. Ces enfants peuvent être qualifiés de «
oiseaux de nuit », mais leurs habitudes de sommeil ne sont
pas une question de préférence, elles sont motivées par des
facteurs biologiques. Lorsque les soignants imposent des
heures de coucher précoces sans tenir compte du
désalignement circadien, les enfants peuvent rester éveillés
pendant des heures, augmentant ainsi la frustration et la
résistance au coucher. Des stratégies telles que déplacer
progressivement l'heure du coucher, limiter l'exposition à
la lumière bleue des écrans le soir et utiliser des
suppléments de mélatonine sous surveillance médicale
peuvent aider à réaligner leurs cycles de sommeil.

Un autre facteur important affectant la qualité du sommeil
est **anxiété**. Les enfants souffrant de trouble d'anxiété
généralisée (TAG), de trouble de stress post-traumatique
(SSPT) ou d'anxiété sociale souffrent souvent
hyperexcitation au coucher, où leur système nerveux
reste dans un état de vigilance accru. Au lieu de se
détendre, leur cerveau continue de rechercher des menaces
potentielles, ce qui rend difficile la relaxation. Les
cauchemars, le somnambulisme ou les crises de panique

nocturnes sont fréquents chez ces enfants, perturbant encore davantage le sommeil. Cela crée un cycle auto-entretenu, le manque de sommeil exacerbe l'anxiété et l'anxiété détériore la qualité du sommeil. La thérapie cognitivo-comportementale pour l'insomnie (TCC-I) est l'une des interventions les plus efficaces pour briser ce cycle, en aidant les enfants à développer des techniques de relaxation et à s'attaquer aux schémas de pensée qui les maintiennent éveillés.

Les troubles du sommeil ont également des effets profonds sur l'axe intestin-cerveau. Le microbiome joue un rôle crucial dans la régulation des neurotransmetteurs tels que la sérotonine et la dopamine, qui influencent tous deux le sommeil et l'humeur. Lorsque le sommeil est perturbé, l'équilibre des bactéries intestinales est altéré, augmentant l'inflammation et rendant les enfants plus sujets aux troubles de l'humeur. C'est pourquoi certains enfants souffrant de manque de sommeil souffrent non seulement d'un dérégulation émotionnelle, mais également de symptômes physiques tels que des maux d'estomac, des nausées ou de la constipation. Une alimentation riche en fibres, en probiotiques et en magnésium peut favoriser à la fois la qualité du sommeil et la stabilité émotionnelle.

L'une des idées fausses les plus préjudiciables, mais aussi les plus courantes, à propos du sommeil chez les enfants est peut-être l'idée qu'ils « s'en sortiront en grandissant » ou que les difficultés de sommeil ne sont qu'une phase. Le manque de sommeil n'est pas un inconvénient temporaire, c'est un facteur de risque de dépression, de troubles anxieux et de déficits cognitifs à long terme. Des études ont montré que les enfants qui ne dorment pas suffisamment courent un risque plus élevé de développer des troubles de l'humeur plus tard dans la vie. Plus important encore, plus les difficultés de sommeil sont traitées tôt, plus les chances d'améliorer les résultats globaux en matière de santé mentale sont grandes.

Relever les problèmes de sommeil nécessite un **approche multiforme** qui prend en compte les facteurs biologiques, comportementaux et environnementaux. Les parents et les tuteurs doivent abandonner les approches punitives, comme gronder un enfant parce qu'il ne dort pas, **résolution collaborative de problèmes**, en identifiant les obstacles spécifiques qui empêchent le repos et en les abordant systématiquement. Les écoles doivent reconnaître qu'un enfant qui s'assoupit fréquemment en classe ou qui a des difficultés d'attention ne peut pas être « paresseux » ou « démotivé » ; ils peuvent être chroniquement privés de sommeil. Les pédiatres et les professionnels de la santé mentale doivent aller au-delà de la gestion des symptômes et évaluer les habitudes de sommeil en tant qu'élément essentiel du traitement de l'anxiété, du TDAH et des troubles de l'humeur.

En fin de compte, le sommeil n'est pas une réflexion secondaire dans les soins de santé mentale ; c'est **l'une des interventions les plus puissantes disponibles**. Un cerveau bien reposé est plus capable de gérer les émotions, de traiter les informations et de s'engager de manière significative dans le monde. Les enfants méritent des environnements qui favorisent des habitudes de sommeil saines, et les soignants méritent les connaissances nécessaires pour les aider à y parvenir. En donnant la priorité au sommeil comme pilier fondamental de la santé mentale, nous pouvons donner aux enfants les outils dont ils ont besoin non seulement pour fonctionner mais aussi pour s'épanouir.

Le cerveau et le corps humains sont étroitement liés et le mouvement est l'un des outils les plus puissants pour réguler les émotions, améliorer les fonctions cognitives et stabiliser l'humeur. L'activité physique n'est pas seulement une question de forme physique ; c'est un élément fondamental de la santé mentale qui influence la chimie du cerveau, la régulation du stress et le traitement sensoriel. Chez les enfants, en particulier ceux souffrant de troubles du développement neurologique tels que les troubles du spectre autistique (TSA), le trouble déficitaire de l'attention/hyperactivité (TDAH) et les différences de traitement sensoriel, le mouvement joue un rôle essentiel dans l'autorégulation, la stabilité émotionnelle et le bien-être général.

Le système nerveux se nourrit du mouvement. L'activité physique stimule la libération de neurotransmetteurs comme la dopamine, la sérotonine et la noradrénaline, qui sont essentiels à la régulation de l'humeur, à l'attention et au contrôle des impulsions. C'est pourquoi les enfants qui participent régulièrement à des activités basées sur le mouvement font souvent preuve d'une plus grande résilience émotionnelle et d'une plus grande flexibilité cognitive. À l'inverse, lorsque les enfants mènent une vie sédentaire, passent des heures devant des écrans, sont assis dans des salles de classe restrictives ou n'ont pas accès aux jeux extérieurs, ils sont plus susceptibles de souffrir d'anxiété, de dépression et de difficultés de concentration. Le mouvement n'est pas seulement un moyen de dépenser de l'énergie ; c'est une nécessité biologique pour un fonctionnement cérébral optimal.

Les enfants atteints de TDAH, par exemple, ont souvent des difficultés à contrôler leurs impulsions et à maintenir une attention soutenue en raison de faibles niveaux de dopamine de base. L'exercice sert de stimulant naturel, augmentant la dopamine et améliorant la concentration sans avoir recours à des médicaments dans certains cas. Un enfant qui a du mal à rester assis pendant les cours n'est peut-être pas « provocateur », mais a simplement besoin de mouvement pour réguler la chimie de son cerveau. C'est pourquoi une activité physique structurée, comme les arts martiaux, la natation ou la danse, peut avoir un effet profond sur l'amélioration de l'attention et la réduction de l'hyperactivité. Au lieu de forcer les enfants à rester assis pendant de longues périodes d'inactivité, l'intégration de pauses de mouvement et de méthodes d'apprentissage alternatives, telles que des bureaux debout ou des outils de mouvement, peut créer un environnement qui répond à leurs besoins neurologiques.

Les bienfaits de l'exercice vont au-delà de la concentration et de l'attention. Le mouvement est l'un des moyens les plus efficaces de **réguler le système nerveux autonome**, qui contrôle la réponse de combat ou de fuite du corps. Pour les enfants souffrant de troubles anxieux, de troubles de stress post-traumatique (SSPT) ou de sensibilités sensorielles accrues, l'activité physique constitue un moyen de se libérer du stress stocké et de recalibrer le système nerveux. Lorsqu'un enfant est anxieux, son corps libère du cortisol, l'hormone du stress qui prépare le corps au danger. Si cette énergie n'est pas libérée par le mouvement, elle reste piégée dans le corps, entraînant un stress chronique, des tensions et une dérégulation émotionnelle. Des activités comme le yoga, le saut sur trampoline ou la batterie rythmique fournissent un apport proprioceptif et vestibulaire, ce qui peut aider à réinitialiser le système de réponse au stress et à restaurer un sentiment de calme.

Pour les enfants neurodivergents, en particulier ceux atteints de TSA, l'exercice doit être adapté à leur profil sensoriel unique. Certains enfants peuvent trouver les sports traditionnels accablants en raison de bruits forts, d'interactions sociales imprévisibles ou d'exigences complexes en matière de coordination motrice. Dans ces cas, des activités de mouvement individualisées, telles que l'escalade, l'équitation ou la natation, peuvent apporter les mêmes bénéfices sans surcharge sensorielle. Les activités aquatiques, en particulier, sont très efficaces pour les enfants autistes, car la douce pression de l'eau fournit un apport tactile profond qui contribue à la régulation sensorielle.

Le rôle de **jouer en plein air** en santé mentale ne peut être sous-estimée. Les activités basées sur la nature, comme la randonnée, la course ou les jeux dans des espaces ouverts, offrent un **double avantage**— le mouvement lui-même régule le système nerveux. Dans le même temps, l'exposition aux environnements naturels réduit les niveaux de stress. Des études ont montré que les enfants qui passent du temps dans les espaces verts présentent des taux d'anxiété et de dépression inférieurs à ceux qui s'adonnent principalement à des activités à l'intérieur. L'exposition au soleil augmente également les niveaux de vitamine D, qui jouent un rôle crucial dans la production de sérotonine, stabilisant ainsi davantage l'humeur.

Malgré les preuves accablantes de l'impact du mouvement sur la santé mentale, de nombreux modes de vie modernes limitent l'accès des enfants à l'activité physique. Les écoles réduisent souvent les périodes de récréation en faveur des universitaires, malgré les recherches montrant que le mouvement physique améliore les performances cognitives. Les programmes d'exercices structurés sont fréquemment remplacés par un temps d'écran excessif, ce qui entraîne une augmentation des comportements sédentaires, des perturbations du sommeil et un retrait social. Lorsque le mouvement est retiré de la routine quotidienne d'un enfant, les effets se répercutent sur tous les aspects de sa santé mentale, augmentant son niveau de stress et réduisant sa capacité à autoréguler ses émotions.

L'un des changements les plus importants que les soignants et les éducateurs puissent opérer est de **recadrer l'exercice comme un outil d'autorégulation plutôt que de punition**. Trop souvent, l'activité physique est positionnée comme une conséquence, en courant des tours pour une mauvaise conduite ou en étant obligé de faire des pompes supplémentaires comme discipline. Cela renforce une association négative avec le mouvement, incitant les enfants à considérer l'exercice comme quelque chose qu'ils « doivent faire » plutôt que comme quelque chose qui favorise leur bien-être. Au lieu de cela, le mouvement devrait être intégré aux routines quotidiennes d'une manière qui semble **joyeux et autonome**. Qu'il s'agisse de danser sur de la musique, de sauter sur un trampoline ou de pratiquer des sports structurés, les enfants devraient ressentir un sentiment d'autonomie dans leurs choix de mouvements.

En plus, **thérapies basées sur le mouvement** sont en train de devenir l'une des interventions les plus efficaces pour les enfants ayant des antécédents de traumatismes ou de dérégulation émotionnelle. La thérapie par le mouvement et la danse (DMT), par exemple, utilise des mouvements structurés pour aider les enfants à gérer leurs émotions et à reconstruire un sentiment d'autonomie corporelle. Les programmes d'arts martiaux qui mettent l'accent sur la pleine conscience, comme le jiu-jitsu brésilien ou le tai-chi, enseignent aux enfants le contrôle émotionnel tout en leur procurant un effort physique. Ces formes de mouvement vont au-delà de l'exercice traditionnel ; ils aident les enfants à renouer avec leur corps de manière responsabilisante, leur donnant un sentiment de maîtrise de leurs émotions.

Les enfants avec **stress chronique ou SSPT** présentent souvent des symptômes physiques, tels que des tensions musculaires, des maux de tête ou des problèmes digestifs. En effet, le traumatisme est stocké dans le corps et, lorsqu'il n'est pas traité, il se manifeste par un inconfort physique. S'engager dans des activités basées sur le mouvement aide à relâcher les tensions, permettant aux enfants de gérer des émotions qu'ils ne sont peut-être pas capables de verbaliser. Pour ces enfants, les mouvements thérapeutiques, comme le yoga ou les exercices guidés d'intégration sensorielle, peuvent constituer un élément crucial du processus de guérison.

L'un des aspects les plus négligés du mouvement est peut-être son **impact social**. Les enfants qui souffrent d'anxiété, de compétences sociales ou d'une faible estime de soi trouvent souvent des liens grâce à des activités physiques partagées. Les sports d'équipe, les cours de danse en groupe ou les jeux coopératifs offrent des opportunités d'interaction sociale structurée d'une manière qui semble naturelle et non menaçante. Le mouvement supprime la pression de la conversation directe et permet aux enfants de nouer des relations à travers des expériences partagées plutôt que des échanges verbaux. Ceci est particulièrement bénéfique pour les enfants atteints de TSA, qui peuvent trouver les environnements sociaux traditionnels écrasants mais qui s'épanouissent dans des environnements où la communication est intégrée à l'activité physique.

L'intégration du mouvement dans les stratégies de santé mentale n'est pas seulement une question d'exercice ; il s'agit de créer une base pour la résilience émotionnelle. Que ce soit par le biais de sports structurés, de jeux extérieurs non structurés ou d'une thérapie basée sur le mouvement, les enfants bénéficient lorsque leur corps est autorisé à bouger de manière à soutenir l'équilibre neurologique. Les soignants, les éducateurs et les professionnels de la santé mentale doivent reconnaître que rester assis n'est pas toujours un signe de concentration et que bouger n'est pas toujours un signe de mauvaise conduite. Le mouvement est un **nécessité biologique**, et lorsque les enfants ont la liberté de bouger d'une manière qui répond à leurs besoins uniques, leur capacité à s'autoréguler, à se connecter avec les autres et à naviguer dans le monde s'améliore de façon exponentielle.

Le cerveau n'est pas conçu pour une immobilité prolongée. Le mouvement n'est pas facultatif ; c'est essentiel. En accordant la priorité à l'activité physique dans le cadre du plan de soins de santé mentale d'un enfant, nous ne soutenons pas seulement son bien-être physique ; nous leur donnons les outils nécessaires pour développer leur force émotionnelle, leur flexibilité cognitive et une base de résilience permanente.

La technologie est intégrée à presque tous les aspects de la vie moderne, déterminant la manière dont les enfants apprennent, socialisent et se divertissent. Bien que les outils numériques offrent des avantages indéniables, le temps excessif passé devant un écran est devenu une préoccupation croissante pour les professionnels de la santé mentale, les soignants et les éducateurs. Le cerveau en développement est très sensible aux stimuli externes. Lorsque les écrans dominent la routine quotidienne d'un enfant, que ce soit via les smartphones, les jeux vidéo, les réseaux sociaux ou les services de streaming, ils peuvent perturber des processus cognitifs et émotionnels essentiels. L'exposition à un écran n'est pas nocive en soi, mais le **chemin** les enfants interagissent avec les médias numériques, le **quantité de temps** dépensés en écrans, et le **contenu qu'ils consomment** tous jouent un rôle essentiel dans la formation de leur bien-être émotionnel.

L'une des conséquences les plus immédiates de l'utilisation excessive des écrans sur les enfants est de **déréguler le**

système de récompense du cerveau. La nature dopaminergique des médias numériques, en particulier des plateformes de médias sociaux, et des jeux vidéo rapides, crée un cycle de gratification instantanée. Chaque notification, like ou réussite dans un jeu fournit une poussée de dopamine, renforçant le désir d'un engagement continu. Bien que ce mécanisme soit inoffensif avec modération, une exposition prolongée conditionne le cerveau à **avoir besoin d'une stimulation constante**, ce qui rend plus difficile pour les enfants de s'engager dans des activités qui nécessitent une attention soutenue, de la patience ou des récompenses différées.

Un enfant habitué à la stimulation rapide des jeux vidéo ou des courts métrages YouTube peut avoir du mal à lire un livre, à terminer ses devoirs ou à se lancer dans des jeux imaginatifs. Le contraste entre les interactions numériques à haut débit et les expériences du monde réel crée **intolérance à l'ennui**, où les enfants deviennent frustrés par tout ce qui ne procure pas une excitation immédiate. Il ne s'agit pas d'un défaut de comportement ; c'est un **adaptation neurologique à la surstimulation**. Le cortex préfrontal, responsable du contrôle des impulsions et de la prise de décision, se développe grâce à un apprentissage lent et exigeant. Lorsque l'exposition aux écrans domine l'environnement d'un enfant, le cerveau a moins de possibilités de renforcer ces compétences essentielles, ce qui entraîne une impulsivité accrue, une tolérance réduite à la frustration et des difficultés à gérer les émotions.

Au-delà des effets cognitifs, le temps passé devant un écran est significatif **a un impact sur la régulation émotionnelle et la santé mentale**, en particulier chez les enfants sujets à l'anxiété, à la dépression ou aux sensibilités sensorielles. De nombreuses plateformes numériques, notamment les réseaux sociaux, exposent les enfants à **comparaison constante, normes irréalistes et contenu non filtré**, tout cela peut déformer leur perception de soi et contribuer à une détresse émotionnelle. Les enfants qui parcourent Instagram ou TikTok peuvent se sentir inadéquats s'ils perçoivent leur propre vie comme moins excitante ou leur apparence moins soignée que celle des influenceurs ou de leurs pairs. Cet effet est amplifié chez les enfants neurodivergents, qui peuvent déjà avoir des difficultés avec leur confiance sociale et intérioriser des attentes irréalistes, conduisant à un doute de soi et à une anxiété accrus.

Le temps excessif passé devant un écran joue également un rôle dans **surcharge sensorielle**, en particulier pour les enfants atteints de troubles du spectre autistique (TSA) ou d'un trouble de déficit de l'attention/hyperactivité (TDAH). De nombreuses plateformes numériques s'appuient sur **couleurs très contrastées, visuels rapides et effets sonores imprévisibles**, ce qui peut submerger le système nerveux et déclencher une dérégulation émotionnelle. Les enfants ayant une sensibilité sensorielle accrue peuvent avoir du mal à traiter efficacement ces stimuli, ce qui entraîne des crises de colère, de l'irritabilité ou des difficultés à s'éloigner des écrans. Lorsque les soignants retirent brusquement les appareils numériques sans proposer d'alternative structurée, les enfants peuvent réagir avec une extrême frustration, non pas parce qu'ils sont difficiles, mais parce que leur cerveau a du mal à **s'adapter d'un état hyperstimulé à un environnement à faible stimulation**.

La relation entre le temps passé devant un écran et **troubles du sommeil** est l'une des préoccupations les mieux documentées en matière de santé mentale pédiatrique. Les écrans numériques émettent **lumière bleue**, qui interfère avec la production de mélatonine, l'hormone responsable de la régulation des cycles veille-sommeil. Lorsque les enfants utilisent des écrans le soir, que ce soit pour jouer, sur les réseaux sociaux ou en streaming, la suppression de la mélatonine retarde l'endormissement, réduit la qualité du sommeil et perturbe les rythmes circadiens. Un mauvais sommeil, à son tour, **exacerbe l'instabilité émotionnelle, augmente l'anxiété et altère la fonction cognitive**. C'est pourquoi de nombreux enfants qui utilisent beaucoup les écrans présentent une réactivité émotionnelle accrue, des difficultés de concentration et une fatigue chronique, même s'ils semblent « se reposer » lorsqu'ils utilisent leurs appareils.

Dans certains cas, la surutilisation de l'écran peut **imiter les symptômes du TDAH**, conduisant à un diagnostic erroné ou à des médicaments inutiles. Un enfant fréquemment exposé à **contenu très stimulant** peut avoir des difficultés avec l'attention et le contrôle de ses impulsions **non pas parce qu'ils souffrent d'un trouble neurologique inhérent, mais parce que leur cerveau a été conditionné pour s'attendre à des stimuli rapides..** C'est pourquoi des limites d'écran structurées, en particulier pour les jeunes enfants, sont essentielles au maintien de la capacité d'attention et de la régulation émotionnelle.

Cependant, **tout le temps passé devant un écran n'est pas préjudiciable**; la clé réside dans **utilisation intentionnelle**. Les programmes éducatifs, les jeux interactifs de résolution de problèmes et l'apprentissage numérique structuré peuvent améliorer les compétences cognitives et favoriser la curiosité lorsqu'ils sont équilibrés avec des activités hors ligne. La distinction entre **consommation d'écran passive** (faire défiler ou regarder sans cesse du contenu répétitif) et **engagement actif à l'écran** (résolution de problèmes, programmes basés sur la créativité ou apprentissage interactif) est crucial pour déterminer si le temps passé devant un écran est bénéfique ou nuisible.

Les stratégies personnalisées de gestion des écrans peuvent être particulièrement efficaces pour les enfants présentant des profils neurodivergents. Certains enfants atteints de TSA, par exemple, bénéficient d'une utilisation structurée des écrans, comme **horaires visuels, applications d'histoires sociales ou jeux de codage éducatifs**, qui procurent un sentiment de prévisibilité et de routine. Cependant, un accès illimité à des espaces en ligne non filtrés peut augmenter le risque de dérégulation émotionnelle, de cyberintimidation ou d'exposition à des contenus pénibles. Les soignants doivent non seulement **limiter le temps passé devant un écran** mais aussi **guider les enfants dans le développement de leurs compétences en littératie numérique**, les aidant à naviguer dans les espaces en ligne en toute sécurité et avec conscience émotionnelle.

UN **approche équilibrée** l'utilisation du dépistage implique :

- **Temps de détente sans écran avant de se coucher**: Remplacer l'utilisation d'un écran le soir par des activités à faible stimulation comme la lecture ou des exercices de pleine conscience pour favoriser un sommeil sain.

- **Alterner temps d'écran et activité physique**: Encourager les activités basées sur le mouvement, comme les jeux ou l'exercice en plein air, pour contrecarrer les effets sédentaires de l'utilisation du numérique.

- **Utilisation de l'écran encadrée et ciblée**: Veiller à ce que les enfants interagissent avec un contenu significatif et adapté à leur âge plutôt qu'un défilement inconsidéré.

- **Journées détox digitales**: Intégrer des pauses régulières devant les écrans pour encourager l'engagement dans les passe-temps hors ligne, les interactions familiales et les activités sensorielles.

En fin de compte, le temps passé devant un écran est **pas intrinsèquement nocif**, mais c'est **la surconsommation**

et la consommation non structurée peuvent avoir un impact significatif sur la santé émotionnelle d'un enfant. En favorisant des habitudes intentionnelles face aux écrans, les soignants et les éducateurs peuvent aider les enfants à développer un **relation saine avec la technologie**, en veillant à ce que les outils numériques servent **des améliorations plutôt que des perturbations** à leur bien-être émotionnel. L'objectif n'est pas d'éliminer les écrans mais de créer un environnement dans lequel les enfants peuvent interagir avec la technologie. **de manière consciente, ciblée et de manière à soutenir leur développement cognitif et émotionnel**.

La santé mentale n'est pas un problème unique qui peut être résolu par une seule intervention ; il s'agit d'un processus continu et dynamique influencé par des facteurs biologiques, émotionnels, sociaux et environnementaux. Tout comme nous cultivons la santé physique grâce à une alimentation équilibrée, à l'exercice et à un sommeil adéquat, le bien-être mental nécessite des habitudes intentionnelles et structurées qui soutiennent la stabilité émotionnelle et la fonction neurologique. Une routine de santé mentale holistique intègre plusieurs stratégies pour **renforcer la résilience, améliorer l'autorégulation et fournir une base pour un bien-être tout au long de la vie**. Cette approche est particulièrement essentielle pour les enfants, dont le développement cérébral repose sur des soins cohérents, des environnements prévisibles et des relations de soutien pour s'épanouir.

La santé mentale est réglementée par le **système nerveux**, qui traite constamment les entrées sensorielles, les expériences émotionnelles et les signaux environnementaux. Lorsque le système nerveux d'un enfant est équilibré, il peut s'engager dans l'apprentissage, les interactions sociales et l'introspection. Cependant, lorsque des facteurs de stress, qu'il s'agisse d'un traumatisme, de l'anxiété, de différences neurodéveloppementales ou d'une instabilité environnementale, perturbent cet équilibre, la santé mentale se détériore. Une approche holistique reconnaît que **la stabilité se construit par la routine**, et créer des habitudes structurées et prévisibles permet au cerveau de fonctionner plus efficacement.

L'un des **le plus puissant mais sous-estimé** aspects du bien-être mental sont **cohérence**. Le cerveau, en particulier chez les enfants, se nourrit de schémas prévisibles. Lorsqu'un enfant se réveille, prend ses repas, joue et s'endort à des heures constantes, l'horloge interne de son corps, **le rythme circadien**, régule les hormones comme le cortisol (régulation du stress) et la mélatonine (régulation du sommeil). Une journée bien structurée **réduit la surcharge cognitive** en éliminant l'imprévisibilité, permettant au cerveau de se concentrer sur le traitement des émotions, la résolution de problèmes et l'engagement social plutôt que de s'adapter constamment au changement.

Une routine holistique commence par **stabilité du matin**. La façon dont un enfant commence sa journée a un impact significatif sur sa régulation émotionnelle tout au long de la journée. UN **matinée précipitée et chaotique**, où un enfant se réveille tard, saute le petit-déjeuner ou est submergé par une stimulation excessive, met le système nerveux en mode stress avant même de quitter la maison. En revanche, un **matinée structurée et calme** qui comprend **stratégies de réveil en douceur, mouvements physiques et aliments riches en nutriments** aide à réguler les niveaux d'énergie, garantissant que le cerveau est préparé à l'apprentissage et à la résilience émotionnelle. Les enfants qui commencent leur journée avec des repas riches en protéines (comme des œufs, du yaourt grec ou du beurre de noix) ont une glycémie plus stable, empêchant ainsi la **sautes d'humeur et irritabilité** associés aux krachs du sucre.

Au-delà des matinées structurées, **mouvement et régulation sensorielle** font partie intégrante d'une routine de santé mentale holistique. L'exercice n'est pas seulement destiné à la forme physique ; il **soutient l'autorégulation émotionnelle en activant le système de récompense du cerveau.** Que ce soit à travers **sports structurés, jeux libres ou mouvements thérapeutiques comme le yoga ou les arts martiaux,** les enfants bénéficient d'une activité physique quotidienne qui sollicite à la fois la motricité globale et fine. Pour les enfants neurodivergents, le mouvement doit être adapté à leurs besoins sensoriels uniques. Certains enfants peuvent trouver apaisantes les activités à forte pression (comme les exercices avec poids ou la natation), tandis que d'autres peuvent avoir besoin d'activités à haute énergie (comme sauter sur un trampoline) pour réguler leur niveau d'éveil.

Un autre **élément fondateur** du bien-être mental est **traitement et expression émotionnels.** Les enfants, en particulier ceux qui ont **alexithymie (difficulté à identifier les émotions),** ont souvent du mal à reconnaître ou à verbaliser leurs sentiments. Cela conduit à un goulot d'étranglement émotionnel, où la détresse s'accumule jusqu'à se manifester par des effondrements, des arrêts ou des explosions comportementales. UN **la routine holistique comprend des enregistrements quotidiens**, permettant aux enfants de traiter leurs émotions de manière **espace structuré et sans jugement**. Des outils tels que **roues d'émotions, journalisation, exercices de respiration guidés ou expression artistique** aider les enfants à extérioriser leurs expériences intérieures d'une manière qui leur semble accessible.

Le lien social est un autre pilier de la santé mentale holistique. Le **le cerveau humain est câblé pour la connexion**, et les enfants qui se sentent émotionnellement isolés sont plus sujets à l'anxiété et à la dépression. Cependant, la qualité compte plus que la quantité ; un **enfant qui a une ou deux relations solides et sûres** est émotionnellement plus sain que celui qui est entouré d'interactions superficielles et incohérentes. Les soignants et les éducateurs doivent **prioriser la sécurité relationnelle**, garantissant que les enfants se sentent vus, entendus et validés. Pour les enfants neurodivergents qui ont des difficultés avec les interactions sociales traditionnelles, **méthodes de communication alternatives**, comme le jeu parallèle, les intérêts particuliers partagés ou les scripts sociaux structurés, peuvent établir des liens sans les submerger.

Temps d'écran et consommation numérique jouent également un rôle crucial dans l'évolution de la santé mentale. Même si la technologie fait partie intégrante de la vie moderne, l'utilisation non réglementée des écrans peut **perturber le sommeil, la capacité d'attention et la résilience émotionnelle**. Une approche holistique comprend **habitudes numériques intentionnelles**, tel que **soirées sans écran, utilisation structurée de la technologie et consommation consciente de contenu.** Au lieu de considérer les écrans comme intrinsèquement nuisibles, ils devraient être utilisés comme **des outils d'apprentissage et de créativité plutôt qu'un divertissement passif.** Quand les enfants s'engagent **activités numériques interactives et de résolution de problèmes** plutôt que de faire défiler sans fin ou de surstimuler le contenu vidéo, leur cerveau s'adapte de manière à favoriser la flexibilité cognitive plutôt que la dépendance à l'égard d'une stimulation externe.

Au cœur d'une routine holistique se trouve **nutrition et santé intestinale**, un facteur souvent négligé du bien-être mental. L'intestin et le cerveau sont profondément connectés, et le **le microbiome (bactéries intestinales) influence directement les neurotransmetteurs régulateurs de l'humeur**. Une alimentation riche en **acides gras oméga-3, magnésium, probiotiques et fibres** soutient la stabilité émotionnelle, tandis que les aliments transformés riches en additifs artificiels peuvent augmenter l'anxiété et l'hyperactivité. Un enfant qui consomme **un régime riche en sucre et pauvre en nutriments** peut éprouver **volatilité émotionnelle, fatigue et difficulté de concentration**, non pas à cause d'un problème comportemental inhérent mais parce que leur cerveau ne reçoit pas les nutriments dont il a besoin pour fonctionner de manière optimale.

Prenons l'exemple d'un garçon de 11 ans nommé Léo, qui souffre de sautes d'humeur extrêmes, d'irritabilité et de difficultés de concentration à l'école. Ses soignants attribuent d'abord ses difficultés à **"problèmes de comportement"** mais une évaluation de sa routine quotidienne révèle **des habitudes de sommeil irrégulières, des collations transformées fréquentes, un temps extérieur limité et une exposition excessive aux écrans.** Son plan de traitement ne commence pas uniquement par des médicaments ou une thérapie ; cela commence par restructurer sa routine. Son heure de coucher est ajustée pour réguler son rythme circadien, ses repas contiennent plus de protéines et d'aliments complets pour stabiliser la glycémie, et son utilisation des écrans est limitée pour éviter une surstimulation avant de se coucher. En quelques semaines, sa stabilité émotionnelle s'améliore, non pas grâce à une seule intervention mais parce que son **l'ensemble du système est pris en charge de manière holistique**.

Une composante essentielle mais souvent oubliée des soins de santé mentale holistiques est **repos et temps non structuré.** De nombreuses routines modernes sont **surchargé d'activités structurées**, laissant peu de place à **temps d'arrêt, créativité ou régulation sensorielle.**

Surprogrammer les enfants, qu'il s'agisse de programmes académiques, d'activités parascolaires ou de séances de thérapie, crée par inadvertance **stress chronique et burn-out**, entraînant une augmentation de l'anxiété et de l'épuisement émotionnel. Une approche holistique **donne la priorité à l'équilibre**, garantissant qu'un apprentissage structuré est **associé à des activités de jeu libre, de relaxation et de créativité.**

Les soignants et les éducateurs doivent également reconnaître que **la santé mentale n'est pas un processus linéaire.** Un enfant peut montrer des améliorations un jour et avoir des difficultés le lendemain. **La régression n'est pas un échec ; c'est une opportunité de recalibrage.** Un flexible, **approche adaptative** veille à ce que les besoins évolutifs d'un enfant soient satisfaits sans attentes rigides.

En fin de compte, une routine de santé mentale holistique consiste à **l'intégration, pas la perfection.** C'est **il ne s'agit pas d'éliminer le stress, mais de doter les enfants des outils nécessaires pour relever les défis.** En intégrant **prévisibilité, mouvement, nutrition,** expression émotionnelle, lien social et utilisation intentionnelle de la technologie, les soignants peuvent créer **un environnement qui favorise la résilience plutôt que la réactivité**. La santé mentale n'est pas une intervention unique ; c'est une pratique quotidienne construite à travers **de petits choix cohérents qui renforcent la stabilité, l'autorégulation et le bien-être**.

Cher ami,

Vous êtes arrivé jusqu'ici, ce qui signifie que vous vous souciez vraiment de comprendre la santé mentale des enfants. Mais qu'en est-il des prochaines étapes de la vie ?

Pour continuer ce voyage, je vous implore d'explorer mes autres livres, COMPRENDRE LA SANTÉ MENTALE CHEZ LES ADOLESCENTS ET COMPRENDRE LA SANTÉ MENTALE CHEZ LES ADULTES. Ces guides offrent des informations essentielles sur l'anxiété, les troubles de l'humeur et la schizophrénie au-delà de l'enfance, car le bien-être mental est important à tout âge.

Chaque moment compte. Scannez le code QR maintenant et changez une vie aujourd'hui !

CHAPITRE HUIT : RESSOURCES ET SYSTÈMES DE SOUTIEN

Lorsqu'on fait face aux complexités des troubles de santé mentale comme la schizophrénie chez les enfants, il est crucial d'avoir accès à une gamme de ressources et de systèmes de soutien. L'aide professionnelle de thérapeutes, de psychologues et de psychiatres constitue la base d'un traitement efficace. Ces professionnels offrent des soins spécialisés adaptés aux besoins de chaque enfant, du diagnostic des conditions à l'élaboration de plans de traitement complets. Un psychiatre peut prescrire des médicaments pour gérer les symptômes, tandis qu'un psychologue propose une thérapie cognitivo-comportementale pour aider l'enfant à développer des stratégies d'adaptation. Le coût des séances de thérapie peut varier de 100 $ à 200 $ de l'heure, et de nombreux régimes d'assurance couvrent dans une certaine mesure les services de santé mentale.

Les groupes de soutien jouent un rôle essentiel en fournissant un soutien émotionnel et pratique. Se connecter avec d'autres familles confrontées à des défis similaires peut réduire le sentiment d'isolement et donner un sentiment de communauté. Ces groupes offrent une plateforme de partage d'expériences, d'échange de conseils et de soutien mutuel. Un groupe de soutien aux parents peut se réunir chaque semaine pour discuter des stratégies de gestion des symptômes de leurs enfants et de navigation dans le système de santé. Cette sagesse collective peut être inestimable pour aider les familles à se sentir moins seules et plus autonomes.

Les ressources pédagogiques sont également essentielles à la gestion et à la compréhension de la schizophrénie. Les livres, sites Web et applications dédiés à la santé mentale peuvent fournir des informations et des outils précieux. Des sites Web comme la National Alliance on Mental Illness (NAMI) proposent des guides complets sur divers problèmes de santé mentale, dont la schizophrénie. Dans le même temps, des applications comme Headspace proposent des exercices de pleine conscience qui peuvent aider à réduire l'anxiété et à améliorer la régulation émotionnelle. Les livres écrits par des experts et des personnes ayant vécu des expériences peuvent offrir des informations approfondies et des conseils pratiques, aidant ainsi les familles à mieux comprendre et à faire face à la maladie.

La collaboration avec les écoles et les programmes communautaires est un autre élément essentiel du soutien. Les éducateurs et les conseillers scolaires peuvent travailler avec les familles pour créer des plans éducatifs individualisés (PEI) adaptés aux besoins spécifiques de l'enfant. Cela peut inclure des ajustements comme une durée prolongée pour les devoirs, un endroit calme pour les examens ou des activités de classe modifiées. Les écoles peuvent également proposer des services de conseil pour soutenir le bien-être émotionnel et les résultats scolaires de l'enfant. De plus, les programmes communautaires locaux peuvent proposer des activités récréatives, une formation aux compétences sociales et d'autres ressources qui aident les enfants atteints de schizophrénie à renforcer leur confiance en eux et à développer des compétences essentielles dans la vie quotidienne.

En intégrant ces diverses ressources et systèmes de soutien, les familles peuvent créer un solide réseau de soins qui aborde tous les aspects du bien-être d'un enfant. L'aide professionnelle garantit que l'enfant reçoit le soutien médical et thérapeutique dont il a besoin, tandis que les groupes de soutien offrent une assistance émotionnelle et pratique. Les ressources éducatives confèrent aux familles des connaissances, et la collaboration avec les écoles et les programmes communautaires garantit que les besoins scolaires et sociaux de l'enfant sont satisfaits. Ensemble, ces éléments forment une approche globale de gestion de la schizophrénie, fournissant aux enfants et à leurs familles les outils dont ils ont besoin pour parcourir leur voyage avec espoir et résilience.

Trouver l'aide professionnelle appropriée est une étape cruciale dans la gestion des troubles de santé mentale comme la schizophrénie chez les enfants. Cela implique de comprendre les différents rôles des thérapeutes, des psychologues et des psychiatres et de savoir où chercher ces professionnels. Chaque type de professionnel de la santé mentale offre des services uniques qui peuvent être essentiels à l'élaboration d'un plan de traitement complet.

Thérapeutes

Les thérapeutes, également appelés conseillers, offrent aux enfants un espace de soutien pour discuter de leurs sentiments et de leurs expériences. Ils utilisent diverses techniques thérapeutiques pour aider les enfants à gérer leurs symptômes et à développer des stratégies d'adaptation. Les thérapeutes sont généralement titulaires d'une maîtrise en counseling ou dans un domaine connexe et sont autorisés à exercer.

Trouver un thérapeute peut commencer par une référence de votre pédiatre ou une recommandation d'autres parents.

De nombreux thérapeutes se spécialisent dans le travail avec les enfants et les adolescents, proposant des séances de thérapie individuelles axées sur des besoins spécifiques. Par exemple, la thérapie cognitivo-comportementale (TCC) est couramment utilisée pour aider les enfants atteints de schizophrénie à comprendre et à gérer leurs pensées et leurs comportements.

Le site Web de l'American Psychological Association (APA), qui propose un outil « Trouver un psychologue », est une source réputée pour trouver des thérapeutes agréés. TherapyTribe (www.therapytribe.com) fournit également un répertoire de thérapeutes dans diverses spécialités et lieux.

Psychologues

Les psychologues sont titulaires de diplômes supérieurs (Ph.D. ou Psy.D.) et sont formés pour diagnostiquer et traiter les troubles de santé mentale par le biais d'une thérapie. Contrairement aux psychiatres, ils ne prescrivent pas de médicaments. Les psychologues travaillent souvent avec des enfants pour résoudre des problèmes de comportement, des difficultés émotionnelles et des problèmes de développement. Ils utilisent des thérapies fondées sur des preuves comme la TCC, la thérapie par le jeu et la thérapie familiale.

Les parents à la recherche d'un psychologue pour enfants peuvent commencer par contacter le conseiller scolaire de leur enfant pour obtenir des recommandations. De nombreuses écoles s'associent à des psychologues locaux spécialisés dans la santé mentale des enfants et des adolescents. De plus, des sites Web comme Psychology Today (www.psychologieaujourd'hui.com) proposent des répertoires complets dans lesquels vous pouvez rechercher des psychologues en fonction de leur emplacement, de leur spécialité et de leur couverture d'assurance.

Un exemple de clinique spécialisée est le Child Mind Institute, situé au 445 Park Avenue, New York, NY 10022. Ils offrent une gamme de services aux enfants souffrant de troubles de santé mentale, notamment une thérapie et un soutien éducatif. Leur site Internet (www.childmind.org) fournit des informations détaillées sur leurs programmes et comment prendre rendez-vous.

Psychiatres

Les psychiatres sont des médecins (M.D. ou D.O.) spécialisés dans le diagnostic et le traitement des troubles de santé mentale. Ils peuvent prescrire des médicaments et proposer une psychothérapie. Pour les enfants atteints de schizophrénie, les psychiatres jouent un rôle essentiel dans la gestion des symptômes grâce aux médicaments et à la surveillance des effets secondaires.

Les parents peuvent demander des références à leur pédiatre ou utiliser des ressources telles que l'American Academy of Child and Adolescent Psychiatry (AACAP) pour trouver un pédopsychiatre. Le site Internet de l'AACAP (www.aacap.org) propose un outil « Recherche de psychiatres pour enfants et adolescents » qui vous permet de rechercher des psychiatres certifiés dans votre région.

Une clinique notable est le New York-Presbyterian Youth Anxiety Center, situé au 21 Bloomingdale Road, White Plains, NY 10605. Ils offrent des services spécialisés aux enfants et adolescents souffrant de divers troubles de santé mentale. De plus amples informations peuvent être trouvées sur leur site Web (www.nyp.org/youthanxiety).

Faire le bon choix

Lors du choix d'un professionnel de la santé mentale, il est essentiel de prendre en compte des facteurs tels que son expérience, sa spécialité et son approche du traitement. Rencontrer des professionnels peut vous aider à trouver la solution idéale pour votre enfant. Lors de la première consultation, n'hésitez pas à poser des questions sur leur expérience de la schizophrénie, les méthodes de traitement et la manière dont ils impliquent les familles dans le processus de traitement.

La couverture d'assurance est un autre facteur critique. Vérifiez auprès de votre assureur pour comprendre quels services de santé mentale sont couverts et si les professionnels que vous envisagez font partie de votre réseau. Certaines cliniques et professionnels proposent des tarifs dégressifs en fonction du revenu, ce qui peut rendre le traitement plus abordable.

Construire un réseau de soutien

Au-delà de la recherche de professionnels individuels, la création d'un réseau de soutien comprenant des thérapeutes, des psychologues et des psychiatres peut fournir des soins complets à votre enfant. Une communication régulière entre ces professionnels garantit une approche coordonnée du traitement. Un thérapeute peut travailler avec un enfant sur des stratégies d'adaptation tandis qu'un psychiatre gère ses médicaments. Cette approche intégrée peut améliorer considérablement l'efficacité du plan de traitement.

En plus de l'aide professionnelle, les groupes de soutien pour parents et enfants peuvent offrir des ressources supplémentaires et des liens communautaires. Des organisations comme NAMI proposent des groupes de soutien et des programmes éducatifs qui peuvent aider les familles à relever les défis liés à la gestion de la schizophrénie.

Trouver l'aide professionnelle appropriée est une étape essentielle dans la gestion de la schizophrénie chez les enfants. En comprenant les rôles des thérapeutes, des psychologues et des psychiatres et en sachant où trouver ces professionnels, les parents peuvent garantir que leurs enfants reçoivent les soins complets dont ils ont besoin. Utiliser des ressources comme l'APA, l'AACAP et des cliniques spécialisées et prendre en compte des facteurs tels que l'expérience, l'approche et la couverture d'assurance peut aider les familles à bâtir un réseau de soutien solide qui favorise le bien-être de leur enfant.

Les groupes de soutien jouent un rôle inestimable dans la vie des familles confrontées à des troubles de santé mentale comme la schizophrénie. Ils offrent une plateforme pour partager des expériences, obtenir un soutien émotionnel et obtenir des conseils pratiques de la part d'autres personnes qui comprennent les défis uniques. Se connecter avec d'autres familles par le biais de groupes de soutien peut créer un sentiment de communauté et réduire le sentiment d'isolement souvent associé à la gestion d'un problème de santé mentale.

Soutien émotionnel et expériences partagées

L'un des principaux avantages des groupes de soutien est le soutien émotionnel qu'ils offrent. Les familles aux prises avec la schizophrénie chez leurs enfants se sentent souvent isolées, incomprises et dépassées. Les groupes de soutien créent un espace sûr où les parents et les tuteurs peuvent exprimer leurs craintes, leurs frustrations et leurs espoirs sans jugement. Entendre d'autres personnes confrontées à des défis similaires peut être incroyablement rassurant et valorisant.

La National Alliance on Mental Illness (NAMI) propose un programme de groupe de soutien familial. Ces groupes se réunissent régulièrement et sont dirigés par des animateurs qualifiés qui ont une expérience personnelle des problèmes de santé mentale dans leur famille. Les groupes de soutien familial NAMI offrent un environnement favorable dans lequel les participants peuvent partager leurs histoires, apprendre les uns des autres et établir des liens durables. Plus d'informations sur ces groupes peuvent être trouvées sur le site Web de NAMI à l'adresse www.nami.org.

Conseils pratiques et ressources

Les groupes de soutien constituent également une source précieuse de conseils pratiques. Les familles peuvent échanger des conseils sur la gestion de la vie quotidienne, la navigation dans le système de santé et la recherche des meilleures options de traitement. Les parents peuvent partager des stratégies pour gérer les aménagements scolaires, la gestion des médicaments ou trouver le bon thérapeute.

Les forums en ligne, tels que celui fourni par la Schizophrenia and Related Disorders Alliance of America (SARDAA), permettent un soutien continu et un partage de ressources. Le groupe de soutien en ligne de la SARDAA est accessible à l'adresse www.sardaa.org, où les familles peuvent participer aux discussions, poser des questions et recevoir le soutien de personnes qui comprennent leur situation.

Construire une communauté

Se connecter avec d'autres familles par le biais de groupes de soutien contribue à créer un sentiment de communauté. Cette communauté peut devenir un réseau de soutien crucial, fournissant de l'aide pendant les crises et célébrant ensemble les réussites. Les familles peuvent organiser des événements sociaux, des ateliers et des efforts de plaidoyer, renforçant ainsi leurs liens et créant un environnement plus favorable à leurs enfants.

Le Child Mind Institute, situé au 445 Park Avenue, New York, NY 10022, propose des groupes de soutien aux parents dans le cadre de ses services complets de santé mentale. Ces groupes visent à fournir un soutien et une éducation aux parents, en les aidant à surmonter les complexités liées à l'éducation d'un enfant atteint d'un trouble de santé mentale. Plus d'informations sur leurs programmes peuvent être trouvées sur leur site Web à l'adresse www.childmind.org.

Encourager une communication ouverte

Les groupes de soutien encouragent une communication ouverte, ce qui peut profiter à la fois aux parents et aux enfants. En discutant ouvertement de leurs expériences, les parents peuvent donner l'exemple à leurs enfants de mécanismes d'adaptation et de compétences de communication sains. Cette ouverture peut contribuer à réduire la stigmatisation et permettre aux enfants de discuter plus facilement de leurs expériences et de leurs sentiments.

La Depression and Bipolar Support Alliance (DBSA) propose des groupes de soutien qui mettent l'accent sur une communication ouverte et honnête. Ces groupes offrent une plateforme permettant aux familles de partager leurs histoires et d'apprendre des expériences de chacun. Les groupes de soutien DBSA peuvent être trouvés sur leur site Web à l'adresse www.dbsalliance.org.

Trouver le bon groupe de soutien

En trouver un qui répond à vos besoins est essentiel lorsque vous recherchez un groupe de soutien. Tenez compte de facteurs tels que l'orientation du groupe, la taille, le format de la réunion (en personne ou en ligne) et l'expérience de l'animateur. De nombreuses organisations proposent des groupes de soutien spécialisés pour différents problèmes de santé mentale, groupes d'âge et rôles familiaux.

Par exemple, l'Anxiety and Depression Association of America (ADAA) fournit un répertoire de groupes de soutien répartis dans divers endroits et formats. Leur site internet, www.adaa.org, permet aux familles de rechercher des groupes qui répondent à leurs besoins spécifiques, en s'assurant qu'elles trouvent la solution adaptée à leur situation.

Les groupes de soutien sont une ressource essentielle pour les familles aux prises avec la schizophrénie et d'autres troubles de santé mentale. Ils offrent un soutien émotionnel, des conseils pratiques et un sentiment d'appartenance à la communauté, aidant ainsi les familles à relever leurs défis plus efficacement. En se connectant avec d'autres familles par le biais d'organisations comme NAMI, SARDAA, le Child Mind Institute et DBSA, les parents peuvent trouver le soutien dont ils ont besoin pour prendre soin de leurs enfants et d'eux-mêmes. Ces liens peuvent faire une différence significative, offrant espoir, compréhension et un cheminement partagé vers une meilleure santé mentale.

Lorsqu'il s'agit de troubles de santé mentale tels que la schizophrénie, les troubles de l'humeur ou l'anxiété chez les enfants, les ressources pédagogiques sont inestimables pour les familles qui cherchent à comprendre et à gérer cette maladie. Les livres, les sites Web et les applications fournissent une multitude d'informations, d'outils et de soutien qui peuvent aider les parents, les tuteurs et les enfants à naviguer plus efficacement dans leur parcours. En tirant parti de ces ressources, les familles peuvent acquérir des connaissances plus approfondies, apprendre des stratégies pratiques et se connecter avec une communauté plus large.

Livres :

Les livres offrent un aperçu complet des troubles de santé mentale, fournissant à la fois des informations scientifiques et des histoires personnelles qui peuvent éduquer et inspirer. Un livre hautement recommandé est « Le garçon qui a été élevé comme un chien » du Dr Bruce Perry et Maia Szalavitz. Ce livre combine des études de cas et des analyses d'experts, offrant un regard approfondi sur les traumatismes de l'enfance et la santé mentale, y compris la schizophrénie. Il est disponible sur les principaux détaillants en ligne comme Amazon.

Une autre lecture essentielle est « Surviving Schizophrenia: A Manual for Families, Patients, and Providers » du Dr E. Fuller Torrey. Maintenant dans sa septième édition, ce livre est un guide complet pour comprendre la schizophrénie, couvrant le diagnostic, le traitement et les stratégies de soutien. Il est apprécié pour sa clarté et ses conseils pratiques, ce qui en fait une ressource familiale.

Sites Web :

Les sites Web dédiés à la santé mentale fournissent des informations, des ressources et des réseaux de soutien à jour. Le site Web de l'Institut national de la santé mentale (NIMH) (www.nimh.nih.gov) offre des informations détaillées sur la schizophrénie, notamment les symptômes, les options de traitement et les résultats de la recherche. C'est une source fiable pour comprendre les aspects scientifiques de la maladie.

Le site Web de l'Alliance nationale pour la maladie mentale (NAMI) (www.nami.org) est une autre ressource cruciale. Il fournit divers matériels pédagogiques, notamment des fiches d'information, des guides et des histoires personnelles d'individus et de familles touchés par des problèmes de santé mentale. NAMI propose également des informations sur la recherche de groupes de soutien locaux et d'opportunités de plaidoyer, ce qui en fait une ressource complète pour l'éducation et l'engagement communautaire.

L'Institut de l'esprit de l'enfant (www.childmind.org) propose de nombreuses ressources sur la santé mentale des enfants. Leur site Web comprend des articles, des vidéos et des guides sur divers problèmes de santé mentale, dont la schizophrénie. Ils fournissent également des informations sur les options et les stratégies de traitement aux parents et aux éducateurs, ce qui en fait une ressource inestimable pour ceux qui cherchent à soutenir les enfants ayant des problèmes de santé mentale.

Applications :

Les applications mobiles fournissent des outils interactifs pour aider à gérer les symptômes de santé mentale, suivre les progrès et offrir une assistance. L'une de ces applications est « Calm Harm », conçue pour aider les individus à gérer l'envie de s'automutiler, un comportement parfois associé à des problèmes de santé mentale graves comme la schizophrénie. L'application propose des activités pour distraire, réconforter et libérer les émotions, offrant ainsi des stratégies d'adaptation immédiates.

Une autre application utile est « Headspace », qui propose des exercices guidés de méditation et de pleine conscience. Des techniques régulières de pleine conscience peuvent aider à réduire le stress et à améliorer la régulation émotionnelle, ce qui profite aux enfants et aux parents. L'application propose des programmes adaptés à différents besoins, notamment la réduction de l'anxiété et du stress.

L'application « Moodpath » est un excellent outil de suivi de la santé mentale. Il invite les utilisateurs à vérifier régulièrement leur humeur et leurs symptômes, aidant ainsi à identifier les modèles et les déclencheurs.

L'application offre également des perspectives et des informations sur la santé mentale, ce qui en fait une ressource utile pour le suivi et l'éducation.

Combiner les ressources pour un support complet

L'utilisation d'une combinaison de livres, de sites Web et d'applications peut constituer une approche complète de la gestion de la schizophrénie. Par exemple, un parent pourrait commencer par lire « Survivre à la schizophrénie » pour acquérir une compréhension globale du trouble. Ils peuvent ensuite visiter le site Web du NIMH pour rester informés des dernières recherches et options de traitement. Simultanément, l'application « Moodpath » peut aider à suivre les symptômes et les progrès de leur enfant, fournissant ainsi des données précieuses pour les discussions avec les prestataires de soins de santé.

Les ressources pédagogiques peuvent également faciliter une meilleure communication avec les professionnels de la santé. Être bien informé permet aux parents de poser les bonnes questions, de comprendre le processus de traitement et de participer activement au plan de garde de leur enfant. Par exemple, après avoir pris connaissance des différentes approches thérapeutiques sur le site Web du Child Mind Institute, un parent peut discuter de ces options avec le thérapeute de son enfant afin de déterminer la meilleure solution.

Les ressources éducatives, notamment les livres, les sites Web et les applications, sont des outils essentiels pour les familles qui gèrent la schizophrénie chez leurs enfants. Des livres comme « Le garçon qui a été élevé comme un chien » et « Survivre à la schizophrénie » fournissent des informations approfondies et des conseils pratiques. Des sites Web tels que NIMH, NAMI et le Child Mind Institute offrent des informations complètes et un soutien communautaire. Des applications comme « Calm Harm », « Headspace » et « Moodpath » fournissent des outils interactifs pour gérer les symptômes et suivre les progrès. En tirant parti de ces ressources, les familles peuvent améliorer leur compréhension, trouver du soutien et naviguer efficacement dans les complexités de la schizophrénie, garantissant ainsi de meilleurs résultats pour leurs enfants.

Lors de la gestion de problèmes de santé mentale comme la schizophrénie chez les enfants, la collaboration avec les écoles et les programmes communautaires est essentielle. Ces partenariats peuvent fournir un réseau de soutien solide, garantissant que les enfants reçoivent des soins complets en classe et en dehors. En travaillant ensemble, les éducateurs, les parents et les organismes communautaires peuvent créer un environnement qui favorise la santé mentale, soutient la réussite scolaire et favorise le développement social.

Le rôle des écoles

Les écoles jouent un rôle essentiel dans la vie des enfants souffrant de problèmes de santé mentale. Les éducateurs et les conseillers scolaires sont souvent en première ligne, observant les changements de comportement, de résultats scolaires et d'interactions sociales. En collaborant avec le personnel scolaire, les parents peuvent s'assurer que les besoins de leur enfant sont satisfaits dans le cadre éducatif.

L'une des premières étapes consiste à élaborer un plan d'éducation individualisé (PEI) ou un plan 504 adapté aux besoins spécifiques de l'enfant. Ces plans sont des documents juridiquement contraignants qui décrivent les aménagements et les services de soutien dont l'enfant bénéficiera. Un enfant atteint de schizophrénie pourrait bénéficier de plus de temps pour les tests, d'un espace de travail calme ou de devoirs modifiés en classe.

Une communication régulière avec les enseignants et les conseillers scolaires est vitale. Les parents doivent planifier des réunions périodiques pour discuter des progrès de leur enfant et de tout ajustement du PEI ou du plan 504. Ce dialogue continu permet de garantir que les besoins éducatifs de l'enfant sont continuellement satisfaits. Des écoles comme le Child Mind Institute School Program (445 Park Avenue, New York, NY 10022, www.childmind.org) offrent des services spécialisés aux étudiants souffrant de problèmes de santé mentale, en leur fournissant un soutien et des ressources supplémentaires.

Services de santé mentale en milieu scolaire

De nombreuses écoles proposent désormais des services de santé mentale sur place, notamment des conseils et des thérapies. Ces services peuvent être incroyablement bénéfiques, offrant aux étudiants un accès facile à un soutien professionnel. Les conseillers scolaires et les psychologues peuvent travailler avec les élèves individuellement ou en groupe pour répondre à leurs besoins en matière de santé mentale, en les aidant à développer des stratégies d'adaptation et à améliorer leur bien-être émotionnel.

Par exemple, le ministère de l'Éducation de la ville de New York fournit des services de santé mentale par le biais de son programme de santé mentale en milieu scolaire. Cette initiative met les étudiants en contact avec des professionnels de la santé mentale agréés qui offrent des conseils, des interventions en cas de crise et des références vers des ressources communautaires. Plus d'informations peuvent être trouvées sur leur site Web à www.schools.nyc.gov.

Programmes et ressources communautaires

Au-delà du cadre scolaire, les programmes communautaires offrent un soutien supplémentaire aux enfants atteints de schizophrénie et à leurs familles. Les organisations locales de santé mentale, les groupes de soutien et les programmes récréatifs peuvent fournir des ressources et des opportunités précieuses de socialisation et de développement des compétences.

La National Alliance on Mental Illness (NAMI) propose de nombreux programmes communautaires conçus pour soutenir les familles confrontées à des problèmes de santé mentale. Le programme Family-to-Family de NAMI, par exemple, est un cours éducatif gratuit de 8 semaines destiné aux membres de la famille de personnes souffrant de troubles de santé mentale. Il fournit des informations sur les problèmes de santé mentale, les options de traitement et les stratégies de plaidoyer et de soutien. Plus de détails sont disponibles sur www.nami.org.

Les centres communautaires accueillent souvent des groupes de soutien et des activités récréatives qui peuvent profiter aux enfants souffrant de problèmes de santé mentale. Ces programmes offrent un environnement sûr et structuré dans lequel les enfants peuvent interagir avec leurs pairs, développer leurs compétences sociales et participer à des activités physiques. Encore une fois, le YMCA propose des programmes inclusifs qui s'adressent aux enfants ayant divers besoins, favorisant la santé physique et l'interaction sociale. Le YMCA du Grand New York dispose de plusieurs sites et programmes détaillés sur son site Web à l'adresse www.ymcanyc.org.

Tirer parti de la technologie pour le support

La technologie offre également des moyens innovants de soutenir les enfants atteints de schizophrénie. Les services de téléthérapie, les groupes de soutien en ligne et les applications de santé mentale peuvent fournir des ressources et une flexibilité supplémentaires. La téléthérapie, en particulier, est devenue de plus en plus populaire, permettant aux enfants de suivre une thérapie dans le confort de leur foyer. Des services comme BetterHelp (www.betterhelp.com) et Espace de discussion (www.talkspace.com) proposent des conseils en ligne avec des thérapeutes agréés, facilitant ainsi l'accès des familles aux soins de santé mentale.

Les groupes de soutien en ligne peuvent mettre en relation des familles avec d'autres personnes confrontées à des défis similaires, offrant ainsi une plateforme de partage de conseils et de soutien. Des sites Web comme 7 Cups (www.7cups.com) proposent des forums d'assistance anonymes et des services de chat, aidant les individus à trouver une communauté et une compréhension.

Plaidoyer et implication communautaire

Les parents et les tuteurs peuvent également plaider pour de meilleures ressources et un meilleur soutien en matière de santé mentale au sein de leurs communautés. Rejoindre des groupes locaux de défense de la santé mentale ou assister aux réunions du conseil scolaire peut influencer les politiques et améliorer les services aux étudiants. Les efforts de plaidoyer peuvent conduire à un financement accru des programmes de santé mentale en milieu scolaire, à une meilleure formation des éducateurs et à des services de soutien plus complets.

La collaboration avec les éducateurs et les programmes locaux est cruciale pour soutenir les enfants atteints de schizophrénie. Les familles peuvent créer un réseau de soutien solide en élaborant des plans d'éducation individualisés, en utilisant les services de santé mentale en milieu scolaire et en s'engageant auprès des ressources communautaires. Tirer parti de la technologie et plaider pour de meilleures ressources renforcent encore ces efforts, garantissant que les enfants reçoivent les soins complets dont ils ont besoin. Ces collaborations soutiennent la santé mentale et la réussite scolaire de l'enfant et favorisent une communauté plus inclusive et plus compréhensive.

CHAPITRE NEUF : SOUTENIR LA SANTÉ MENTALE ET LE BIEN-ÊTRE

Soutenir la santé mentale et le bien-être des enfants atteints de schizophrénie et d'autres troubles de santé mentale implique une approche holistique et continue. Des contrôles et des ajustements réguliers avec les professionnels de santé sont cruciaux. Ceux-ci garantissent que le plan de traitement reste efficace et s'adapte aux changements de l'état de l'enfant. Des rendez-vous réguliers, coûtant souvent entre 100 $ et 200 $ par séance selon le spécialiste et le lieu, permettent de suivre les progrès, de gérer les médicaments et de fournir des interventions rapides si nécessaire. Les parents doivent communiquer ouvertement avec les médecins et les thérapeutes pour répondre à leurs préoccupations et modifier le plan de soins.

Donner aux enfants les moyens d'agir en renforçant leur résilience et leur confiance en eux est également essentiel. Les encourager à développer des capacités d'adaptation, à participer à des activités agréables et à se fixer des objectifs réalisables les aide à gérer leur état plus efficacement. La participation à des activités parascolaires, comme le sport ou les arts, peut renforcer l'estime de soi et procurer un sentiment d'accomplissement. Les parents et les tuteurs peuvent soutenir ce processus en fournissant un renforcement positif et en aidant leurs enfants à surmonter les difficultés avec patience et compréhension.

Les soins personnels des soignants sont tout aussi importants. Prendre soin d'un enfant souffrant d'un problème de santé mentale peut être exigeant, ce qui rend essentiel que les soignants prennent soin de sa santé et de son bien-être. Des activités régulières de soins personnels, comme l'exercice, les passe-temps et les activités sociales avec des amis, peuvent aider à réduire le stress et à prévenir l'épuisement professionnel. Les groupes de soutien pour les soignants, souvent trouvés par l'intermédiaire d'organisations comme NAMI, offrent un espace pour partager des expériences et recevoir un soutien émotionnel. Équilibrer les responsabilités de prestation de soins avec les besoins personnels garantit que les soignants maintiennent leur santé tout en prodiguant les meilleurs soins à leurs enfants.

Pour l'avenir, la préparation à l'adolescence et au-delà est un élément essentiel du maintien de la santé mentale. À mesure que les enfants grandissent, leurs besoins et leurs défis évolueront. Il est essentiel de planifier les transitions, comme passer des services de santé mentale pédiatriques aux services de santé mentale pour adultes, suivre des études supérieures ou entrer sur le marché du travail. Les programmes de formation professionnelle et d'acquisition de compétences essentielles peuvent doter les adolescents des outils dont ils ont besoin pour devenir indépendants et mener une vie épanouie. La collaboration avec les écoles, les prestataires de soins de santé et les organismes communautaires garantit que ces transitions se font en douceur et bien accompagnées.

En fin de compte, maintenir la santé mentale et le bien-être des enfants implique des examens médicaux réguliers, l'autonomisation de l'enfant grâce au renforcement de sa résilience, la priorité accordée aux soins personnels des soignants et la préparation aux transitions futures. Cette approche globale garantit que l'enfant et ses soignants sont soutenus tout au long de leur parcours, favorisant ainsi la santé et le bien-être à long terme.

La gestion des problèmes de santé mentale comme la schizophrénie chez les enfants nécessite un engagement envers des soins continus. Des contrôles réguliers et des ajustements du plan de traitement sont essentiels pour garantir que les besoins de l'enfant sont continuellement satisfaits et que leurs progrès sont efficacement suivis. Cette approche proactive peut améliorer considérablement la qualité de vie de l'enfant et de sa famille.

Surveillance et assistance continues

Des contrôles réguliers avec les prestataires de soins de santé sont cruciaux pour gérer la schizophrénie chez les enfants. Ces rendez-vous offrent l'occasion d'évaluer les progrès de l'enfant, d'aborder les problèmes émergents et d'ajuster son plan de traitement. Un enfant peut initialement bien réagir à un médicament particulier, mais son efficacité peut diminuer avec le temps ou les effets secondaires peuvent devenir problématiques. Des visites régulières permettent aux prestataires de soins de modifier les dosages ou de changer de médicament selon les besoins.

Les prestataires de soins recommandent généralement des rendez-vous de suivi tous les trois à six mois, bien que la fréquence puisse varier en fonction de la gravité de l'affection et de la réponse de l'enfant au traitement. Chaque séance, coûtant entre 100 et 200 dollars en moyenne, garantit que tout changement dans les symptômes est rapidement traité. Cette surveillance continue permet de prévenir les rechutes et favorise le bien-être général de l'enfant.

Adapter les plans de traitement

À mesure que les enfants grandissent et que leur situation change, leurs plans de traitement doivent évoluer. Ce qui fonctionne pour un jeune enfant peut être moins efficace pour un adolescent confronté à différentes pressions sociales et scolaires. Des enregistrements réguliers permettent ces ajustements nécessaires. Par exemple, lorsqu'un enfant entre dans l'adolescence, il peut être confronté à de nouveaux facteurs de stress, tels que des pressions scolaires ou des défis sociaux, qui peuvent nécessiter des interventions thérapeutiques supplémentaires ou des modifications de son traitement existant.

Dr Emily Harris, pédopsychiatre au Child Mind Institute de New York (445 Park Avenue, New York, NY 10022, www.childmind.org), souligne l'importance de l'adaptabilité dans les plans de traitement. « Les besoins des enfants évoluent à mesure qu'ils grandissent, et leurs plans de traitement doivent refléter ces changements », explique-t-elle. "Des évaluations régulières nous permettent d'adapter les interventions à leur situation actuelle, garantissant ainsi qu'ils reçoivent les soins les plus efficaces."

Construire une relation de collaboration

Les soins continus favorisent une relation de collaboration entre l'enfant, sa famille et les prestataires de soins de santé. Ce partenariat est crucial pour la gestion efficace de la schizophrénie. Les parents et les tuteurs jouent un rôle actif en observant et en signalant les changements dans le comportement, l'humeur ou la réponse de l'enfant au traitement. Ces commentaires sont inestimables pour les prestataires de soins car ils guident les ajustements nécessaires au plan de traitement.

Une communication ouverte entre toutes les parties contribue à établir la confiance et garantit que tout le monde travaille vers les mêmes objectifs. Si un enfant éprouve une anxiété accrue ou de nouveaux symptômes, les parents peuvent transmettre cette information au psychiatre, qui peut alors ajuster le plan de traitement en conséquence. Cette approche collaborative garantit que l'enfant reçoit des soins complets et adaptés.

Prévenir les rechutes

L'un des principaux avantages des contrôles réguliers est la prévention des rechutes. La schizophrénie peut être imprévisible et ses symptômes réapparaissent parfois même après des périodes de stabilité. Une surveillance régulière permet de détecter les signes avant-coureurs d'une rechute, permettant ainsi une intervention rapide. Une détection et une intervention précoces peuvent empêcher que des problèmes mineurs ne se transforment en revers majeurs.

Si votre enfant commence à montrer des signes d'irritabilité accrue ou commence à se retirer des activités sociales, cela pourrait être le signe précoce d'une rechute potentielle. En traitant ces symptômes rapidement lors d'un enregistrement, les prestataires de soins de santé peuvent ajuster le plan de traitement, éventuellement en ajoutant de nouvelles stratégies thérapeutiques ou en ajustant les médicaments pour stabiliser l'état de l'enfant.

Traiter les effets secondaires

Les médicaments contre la schizophrénie et d'autres troubles de santé mentale, bien qu'essentiels à la gestion des symptômes, peuvent avoir des effets secondaires qui ont un impact sur la qualité de vie d'un enfant. Des rendez-vous réguliers permettent aux prestataires de soins de surveiller ces effets secondaires et de procéder aux ajustements nécessaires. Cela peut impliquer de changer de médicament, d'ajuster la posologie ou d'incorporer des traitements supplémentaires pour gérer les effets secondaires.

Les médicaments antipsychotiques peuvent parfois entraîner une prise de poids ou des modifications métaboliques. Des contrôles réguliers permettent aux prestataires de soins de surveiller ces changements grâce à des analyses de sang et des examens physiques de routine. Si les effets secondaires deviennent problématiques, le psychiatre peut explorer des médicaments alternatifs ou des thérapies complémentaires pour atténuer ces problèmes.

Assurer le succès à long terme

Le but ultime des soins continus est d'assurer la réussite et la stabilité à long terme de l'enfant. En adaptant continuellement le plan de traitement pour répondre aux besoins changeants de l'enfant, les prestataires de soins de santé peuvent aider à maintenir la stabilité et à améliorer la qualité de vie globale de l'enfant. Cette approche proactive soutient le développement scolaire, social et émotionnel de l'enfant, l'aidant à réaliser son plein potentiel.

Pour les familles, l'assurance que l'état de santé de leur enfant est étroitement surveillé et géré offre une tranquillité d'esprit. Savoir qu'il existe une équipe dévouée de professionnels activement impliqués dans les soins de leur enfant peut atténuer une partie du stress et de l'incertitude associés à la gestion d'un problème de santé mentale chronique.

L'importance des soins continus pour les enfants atteints de schizophrénie ne peut être surestimée. Des contrôles réguliers et des ajustements du plan de traitement garantissent que l'enfant reçoit un soutien continu et personnalisé qui évolue avec ses besoins. Cette approche proactive et collaborative aide à gérer efficacement les symptômes et favorise un environnement stable et favorable à la croissance et au développement de l'enfant. En s'engageant à fournir des soins continus, les familles peuvent garantir à leurs enfants les meilleures chances possibles de mener une vie saine et épanouissante.

Autonomiser les enfants souffrant de problèmes de santé mentale implique de renforcer leur résilience et leur confiance. Ce processus leur donne les outils dont ils ont besoin pour relever les défis de la vie, améliore leur estime de soi et favorise un sentiment d'indépendance. En se concentrant sur des stratégies pratiques et des environnements favorables, les parents et les tuteurs peuvent jouer un rôle central dans le cheminement de leur enfant vers la résilience et la confiance.

Encourager la conscience de soi

La conscience de soi est le fondement de la résilience. Il est crucial d'aider les enfants à comprendre leur problème de santé mentale et la manière dont cela les affecte. Cela implique des conversations ouvertes et honnêtes sur leurs expériences, leurs symptômes et leurs émotions. Encourager les enfants à exprimer leurs sentiments et leurs pensées sans jugement favorise un sentiment d'acceptation de soi et de conscience.

Les parents peuvent utiliser un langage adapté à leur âge pour expliquer la schizophrénie, aidant ainsi leurs enfants à comprendre que leurs expériences font partie d'un problème de santé et ne reflètent pas leur caractère. Des livres comme "My Name is Brain Brian" de Jeanne Betancourt, qui aborde la compréhension et l'acceptation des différences d'apprentissage, peuvent être adaptés pour discuter de la santé mentale, rendant ainsi des concepts complexes accessibles aux enfants.

Développer des stratégies d'adaptation

Enseigner des stratégies d'adaptation efficaces aide les enfants à gérer le stress et les émotions. Des techniques telles que la respiration profonde, la pleine conscience et la tenue d'un journal peuvent être particulièrement bénéfiques. Par exemple, pratiquer la pleine conscience peut aider les enfants à garder les pieds sur terre et à réduire leur anxiété. Des applications comme Headspace (www.headspace.com) proposent des exercices de méditation guidés spécialement conçus pour les enfants, constituant une ressource facile à utiliser pour pratiquer la pleine conscience à la maison.

Une autre stratégie utile consiste à créer une « boîte à outils d'adaptation » remplie d'activités et d'articles qui aident l'enfant à se détendre et à se sentir en sécurité. Cela peut inclure des livres préférés, des jouets sensoriels, des fournitures artistiques ou de la musique apaisante. Encourager l'enfant à utiliser sa boîte à outils pendant les périodes de stress peut l'aider à développer une autonomie dans la gestion de ses émotions.

Fixer des objectifs réalistes

Fixer et atteindre des objectifs réalistes renforce la confiance et un sentiment d'accomplissement. Commencez par de petits objectifs réalisables qui correspondent aux intérêts et aux forces de l'enfant. À mesure qu'ils atteignent ces objectifs, ils augmentent progressivement la complexité et le défi.

Par exemple, si un enfant aime dessiner, fixez-vous pour objectif de réaliser un nouveau dessin chaque semaine. Célébrez leurs progrès et fournissez un renforcement positif. Atteindre ces petites étapes peut renforcer leur estime de soi et les motiver à relever des défis plus importants. Les écoles et les thérapeutes peuvent collaborer pour fixer des objectifs académiques et sociaux, en s'assurant qu'ils sont adaptés aux capacités et au système de soutien de l'enfant.

Encourager les liens sociaux

Construire un réseau social de soutien est vital pour la résilience. Encouragez votre enfant à développer des amitiés et à participer à des activités sociales. Cela peut être facilité par des cadres structurés comme des clubs, des équipes sportives ou des programmes communautaires pour les enfants partageant les mêmes intérêts.

Rejoindre un cours d'art local ou une équipe sportive peut offrir des opportunités d'interaction sociale et de développement de compétences. Des organismes comme le YMCA (www.ymca.net) proposent des programmes répondant aux intérêts et aux besoins des enfants, favorisant l'engagement social et l'activité physique dans un environnement favorable.

Promouvoir l'indépendance

Favoriser l'indépendance aide les enfants à développer leur confiance et leur résilience. Permettez-leur d'assumer des responsabilités adaptées à leur âge et à leurs capacités, comme gérer une routine quotidienne, accomplir des tâches ménagères ou prendre des décisions simples. Offrir des opportunités d'indépendance aide les enfants à développer leurs compétences en résolution de problèmes et leur autonomie.

Des choses comme impliquer votre enfant dans la planification de son emploi du temps hebdomadaire, y compris les devoirs, les activités de loisirs et les responsabilités familiales. Veuillez les encourager à faire des choix et à s'approprier leurs tâches. Cette implication développe des compétences pratiques et inculque un sentiment de contrôle et de confiance en leurs capacités.

Fournir un support cohérent

Tout en promouvant l'indépendance, il est essentiel de fournir un soutien cohérent. Enregistrez régulièrement avec votre enfant pour discuter de ses sentiments, de ses progrès et des défis auxquels il pourrait être confronté.

Être une source de soutien fiable les aide à se sentir en sécurité et valorisés.

Un soutien constant implique également de travailler en étroite collaboration avec les éducateurs et les professionnels de la santé mentale. Une communication régulière avec les enseignants et les thérapeutes garantit que les besoins de l'enfant sont satisfaits dans différents environnements. Cette approche collaborative renforce le réseau de soutien de l'enfant, fournissant une base complète pour renforcer la résilience.

Célébrer les réalisations

Reconnaître et célébrer les réalisations, aussi petites soient-elles, renforce les comportements positifs et renforce l'estime de soi. Célébrez les étapes et les réalisations avec des éloges et des encouragements. Cette reconnaissance aide les enfants à se sentir valorisés et motivés à poursuivre leurs objectifs.

Vous pouvez célébrer les réussites académiques, les jalons personnels ou même les réussites quotidiennes comme la gestion indépendante d'une tâche difficile. Ces célébrations peuvent être simples et significatives, comme un dîner de famille, une sortie spéciale ou une petite récompense. La clé est de reconnaître leurs efforts et leurs progrès, en renforçant leur sentiment de compétence et de confiance.

Renforcer la résilience et la confiance chez les enfants atteints de divers troubles de santé mentale implique une approche multidimensionnelle qui comprend la promotion de la conscience de soi, l'enseignement de stratégies d'adaptation, la définition d'objectifs réalistes, l'encouragement des liens sociaux, la promotion de l'indépendance, la fourniture d'un soutien constant et la célébration des réalisations. En mettant en œuvre ces stratégies, les parents et les tuteurs peuvent donner à leurs enfants les moyens de relever les défis de la vie avec confiance et résilience. Cette approche holistique améliore la santé mentale et le bien-être de l'enfant et le prépare à un avenir plus indépendant et épanouissant.

Les exigences liées à la prestation de soins peuvent souvent conduire au stress, à l'épuisement professionnel et à la négligence de la santé personnelle. Par conséquent, les soignants doivent donner la priorité à leur santé et à leur bien-être afin de prodiguer les meilleurs soins possibles à leurs enfants. Prendre soin de soi n'est pas un luxe mais une nécessité qui permet aux soignants de maintenir leur santé physique, émotionnelle et mentale.

Les soins personnels impliquent des activités et des pratiques qui aident les individus à gérer le stress et à maintenir leur santé globale. Pour les soignants, prendre soin de soi est essentiel pour conserver l'énergie, la patience et la résilience nécessaires à leurs responsabilités de soignant. Sans soins personnels adéquats, les soignants risquent l'épuisement professionnel, ce qui aura un impact négatif sur leur capacité à s'occuper efficacement de leurs enfants. Reconnaître les signes d'épuisement professionnel, tels que la fatigue, l'irritabilité et le sentiment d'accablement, est la première étape vers la mise en œuvre d'une routine de soins personnels.

Le maintien de la santé physique est la pierre angulaire des soins personnels. L'exercice régulier, même en petites quantités, peut réduire considérablement le stress et améliorer l'humeur. La marche, le yoga ou la natation peuvent être facilement intégrés à un emploi du temps chargé. Une marche de 30 minutes le matin ou le soir peut offrir une pause bien méritée et augmenter les niveaux d'énergie.

Une bonne nutrition est tout aussi importante. Les soignants devraient s'efforcer de manger des repas équilibrés, riches en fruits, légumes, protéines maigres et grains entiers. Éviter les excès de caféine et de sucre peut également aider à maintenir des niveaux d'énergie stables tout au long de la journée. Planifier et préparer les repas à l'avance peut faire gagner du temps et garantir que des options saines sont toujours disponibles.

Le bien-être émotionnel est essentiel pour les soignants. Rechercher le soutien d'amis, de membres de la famille ou de groupes de soutien peut apporter un soulagement émotionnel et des conseils pratiques. Par exemple, rejoindre un groupe local de soutien aux soignants, comme ceux proposés par la National Alliance on Mental Illness (NAMI), peut mettre en contact les soignants avec d'autres personnes qui comprennent leurs expériences. Le site Web de NAMI (www.nami.org) fournit des ressources et des répertoires pour trouver des groupes de soutien locaux.

Les pratiques de pleine conscience, telles que la méditation et les exercices de respiration profonde, peuvent également aider à gérer le stress et à améliorer la résilience émotionnelle. Des applications comme Headspace (www.headspace.com) et Calme (www.calm.com) proposent des séances de méditation guidées accessibles à tout moment, offrant un moyen pratique de pratiquer la pleine conscience.

Équilibrer les responsabilités de prestation de soins et le temps personnel est essentiel pour la santé mentale. Les soignants doivent prévoir des pauses régulières et participer à des activités agréables et relaxantes. Des passe-temps comme la lecture, le jardinage ou la peinture peuvent offrir une évasion mentale et les aider à recharger leurs batteries.

Il est également important de fixer des limites et de déléguer des tâches lorsque cela est possible. Demander de l'aide à d'autres membres de la famille, à des amis ou à des services de répit professionnels peut alléger la charge de soins et donner du temps pour les activités personnelles. Les centres ou organisations communautaires locaux proposent souvent des programmes de soins de répit qui apportent un soulagement temporaire aux soignants.

Parfois, les soignants peuvent bénéficier d'un soutien professionnel pour gérer le stress et les défis émotionnels. La thérapie et le conseil peuvent offrir un espace sûr pour discuter de ses sentiments et développer des stratégies d'adaptation. De nombreux thérapeutes se spécialisent dans l'accompagnement des soignants et peuvent proposer des conseils et des techniques personnalisés.

L'American Psychological Association (APA) propose un outil « Trouver un psychologue » sur son site Web (www.apa.org) pour aider les soignants à localiser des professionnels agréés dans leur région. Des séances de thérapie régulières, coûtant généralement entre 100 $ et 200 $, peuvent constituer un investissement précieux dans la santé mentale d'un soignant.

L'intégration des soins personnels dans une routine quotidienne nécessite de la planification et de l'engagement. Réserver des moments précis pour les activités de soins personnels, comme l'exercice, les passe-temps ou la relaxation, peut contribuer à les intégrer régulièrement dans la journée. Les calendriers ou les applications de rappel peuvent garantir que les soins personnels restent une priorité malgré un emploi du temps chargé.

Les soignants doivent également faire preuve d'auto-compassion et reconnaître que prendre du temps pour eux n'est pas égoïste mais nécessaire. Célébrer les petits succès et être gentil avec soi-même peut favoriser un état d'esprit positif et renforcer l'importance de prendre soin de soi.

Prendre soin de soi est un aspect essentiel pour être un soignant efficace auprès d'un enfant atteint de schizophrénie. Les soignants peuvent maintenir leur santé et leur bien-être en donnant la priorité à la santé physique, en recherchant un soutien émotionnel et professionnel, en équilibrant les soins et le temps personnel et en intégrant les soins personnels dans leurs routines quotidiennes. Cette approche holistique garantit que les soignants disposent de l'énergie, de la résilience et de la clarté mentale nécessaires pour prodiguer les meilleurs soins possibles à leur enfant. En prenant soin d'eux-mêmes, les soignants améliorent leur qualité de vie et renforcent leur capacité à soutenir et à nourrir leurs enfants.

Préparer les enfants atteints de troubles de santé mentale à l'adolescence et à l'âge adulte nécessite une approche globale qui réponde à l'évolution de leurs besoins et de leurs défis. À mesure que les enfants grandissent, leurs besoins en matière de santé mentale évoluent et il est essentiel d'adapter leurs plans de soins en conséquence. En développant leur indépendance, en favorisant les compétences sociales, en assurant un soutien éducatif et en planifiant les transitions futures, les soignants peuvent aider leurs enfants à traverser cette phase critique de la vie avec confiance et résilience.

Construire l'indépendance

L'un des principaux objectifs des adolescents atteints de schizophrénie et d'autres problèmes de santé mentale est de développer leur indépendance. Cela implique de les encourager progressivement à assumer davantage de responsabilités et à prendre des décisions concernant leurs soins. Enseigner des compétences de vie telles que la budgétisation, la cuisine et l'hygiène personnelle est essentiel. Ces compétences permettent aux adolescents de gérer leurs tâches quotidiennes et de les préparer à un avenir plus indépendant.

Les parents peuvent commencer par impliquer leurs enfants dans la planification et la préparation des repas. Cela enseigne des compétences pratiques et favorise le sentiment de responsabilité et d'autonomie. Au fil du temps, accroître ces responsabilités peut aider les adolescents à se sentir plus maîtres de leur vie et mieux préparés à l'âge adulte.

Favoriser les compétences sociales

Les interactions sociales peuvent être particulièrement difficiles pour les adolescents atteints de schizophrénie. De solides compétences sociales sont essentielles pour établir des relations et s'intégrer dans la communauté. Encourager la participation à des activités de groupe, à des sports ou à des clubs peut offrir des opportunités de mettre en pratique ces compétences dans un environnement favorable.

Des organisations comme les Boys & Girls Clubs of America (www.bgca.org) proposent des programmes qui favorisent l'engagement social et le développement des compétences. Ces programmes peuvent aider les adolescents à nouer des amitiés, à apprendre le travail d'équipe et à renforcer leur confiance en eux. De plus, la formation aux compétences sociales, souvent dispensée par des thérapeutes, peut enseigner des stratégies spécifiques pour gérer des situations sociales, engager des conversations et comprendre les signaux sociaux.

Assurer un soutien éducatif

Le soutien éducatif reste un élément essentiel des soins aux adolescents souffrant de troubles de santé mentale. Les plans d'enseignement individualisés (PEI) ou plans 504 doivent être régulièrement révisés et mis à jour pour refléter les besoins changeants de l'élève. La collaboration entre les parents, les enseignants et les conseillers scolaires est essentielle pour des aménagements appropriés.

Les adolescents peuvent avoir besoin de plus de temps pour les tests, d'un espace calme pour étudier ou de devoirs modifiés pour gérer efficacement leur charge de travail.

Des écoles comme le Child Mind Institute School Program (445 Park Avenue, New York, NY 10022, www.childmind.org) fournissent un soutien éducatif spécialisé aux étudiants souffrant de problèmes de santé mentale, en proposant des programmes sur mesure qui répondent à leurs besoins uniques.

Planification de l'enseignement supérieur et des carrières

À mesure que les adolescents approchent de la fin de leurs études secondaires, la planification de leurs études supérieures ou de leur parcours professionnel devient une priorité. Il est essentiel d'explorer les options qui correspondent à leurs intérêts et à leurs capacités tout en tenant compte de leurs besoins en matière de santé mentale. Les programmes de formation professionnelle, les collèges communautaires et les universités dotés de services de soutien solides peuvent offrir des voies intéressantes.

L'orientation professionnelle peut aider à identifier les options de carrière appropriées et à développer les compétences professionnelles nécessaires. Par exemple, le programme de réadaptation professionnelle proposé par le ministère américain de l'Éducation (www2.ed.gov) fournit des ressources et un soutien aux personnes handicapées, notamment une formation professionnelle, des services d'emploi et des orientations professionnelles. Ces services peuvent aider les adolescents atteints de schizophrénie à faire une transition en douceur vers le marché du travail.

Transition vers les services de santé mentale pour adultes

La transition des services de santé mentale pédiatriques aux services de santé mentale pour adultes est une étape cruciale. Cette transition doit être planifiée longtemps à l'avance pour assurer la continuité des soins. Impliquer les adolescents dans les discussions sur leur plan de traitement et sur les prestataires favorise un sentiment d'appropriation et facilite la transition.

Il est essentiel de trouver des services de santé mentale pour adultes expérimentés dans le traitement de la schizophrénie. La National Alliance on Mental Illness

(NAMI) fournit des répertoires et des ressources pour aider à localiser les services appropriés (www.nami.org). Des réunions régulières avec de nouveaux prestataires peuvent aider à établir une relation et à garantir que l'adolescent se sente à l'aise et soutenu.

Planification juridique et financière

À mesure que les adolescents atteignent l'âge adulte, la planification juridique et financière devient de plus en plus importante. Cela inclut la compréhension de leurs droits, l'accès aux prestations et la planification des besoins futurs. La tutelle, la procuration et les fiducies pour besoins spéciaux sont des éléments à prendre en compte pour assurer leur bien-être et leur sécurité financière.

Consulter un expert juridique spécialisé en droit du handicap peut fournir des conseils précieux. Des organismes comme l'Arc (www.thearc.org) offrent des ressources et un soutien aux familles confrontées à ces questions complexes, contribuant ainsi à garantir que toutes les mesures juridiques et financières nécessaires sont en place.

Préparer les adolescents à la santé mentale à l'âge adulte implique une approche multidimensionnelle qui prend en compte leur indépendance croissante, leurs compétences sociales, leurs besoins éducatifs, leur planification de carrière et leur transition vers les services pour adultes. En favorisant un environnement favorable et en fournissant les outils et ressources nécessaires, les soignants peuvent aider les enfants à traverser cette phase critique avec confiance et résilience. Avec une planification minutieuse et un soutien continu, les adolescents atteints de schizophrénie peuvent réaliser leur plein potentiel et mener une vie indépendante et épanouissante.

Appendice

Prendre soin d'un enfant atteint d'un problème de santé mentale comme la schizophrénie nécessite un mélange d'empathie, de connaissances et de compétences pratiques. La mise en œuvre des meilleures pratiques peut aider les soignants à fournir le soutien le plus efficace possible, en favorisant un environnement stimulant qui favorise le bien-être et le développement de l'enfant. Ici, j'ai décrit les techniques et stratégies de soins essentielles que les soignants peuvent utiliser pour gérer les défis quotidiens et garantir les meilleurs résultats pour leurs enfants.

Établir la routine et la cohérence

La routine et la cohérence sont essentielles à la gestion des troubles de santé mentale. Établir un horaire quotidien prévisible aide à réduire l'anxiété et procure un sentiment de sécurité. Cela inclut la fixation d'heures régulières pour le réveil, les repas, les devoirs et l'heure du coucher. La cohérence des routines aide les enfants à comprendre à quoi s'attendre, ce qui peut minimiser le stress et améliorer la stabilité globale.

Une routine matinale peut impliquer de se réveiller à la même heure chaque jour, suivi d'un petit-déjeuner, d'une courte promenade, puis d'activités scolaires. Des rituels cohérents au coucher, comme lire un livre ou écouter de la musique apaisante, peuvent signaler à l'enfant qu'il est temps de se détendre, contribuant ainsi à un meilleur sommeil.

Communication efficace

Une communication ouverte et honnête est essentielle pour instaurer la confiance et la compréhension. Les soignants doivent encourager les enfants à exprimer leurs pensées et leurs sentiments sans crainte d'être jugés. L'écoute active est cruciale lorsque l'aidant est pleinement attentif et répond avec empathie.

Utiliser un langage clair et simple permet d'éviter les malentendus. Par exemple, au lieu de dire : « Vous devez être plus responsable », un soignant pourrait dire : « Travaillons ensemble à garder votre chambre bien rangée. Nous pouvons commencer par ramasser les jouets. Cette approche rend les attentes claires et réalisables.

Renforcement positif

Le renforcement positif implique de reconnaître et de récompenser les comportements souhaités, ce qui encourage leur répétition. Cette technique peut être particulièrement efficace dans la gestion des comportements associés à la schizophrénie.

Si un enfant réussit une tâche ou gère bien une situation sociale, félicitez-le immédiatement. Les récompenses peuvent être tangibles, comme une friandise préférée, ou intangibles, comme un temps de jeu supplémentaire ou des compliments verbaux. Un renforcement positif constant contribue à renforcer l'estime de soi et motive l'enfant à continuer à faire des choix positifs.

Développer des stratégies d'adaptation

Enseigner des stratégies d'adaptation efficaces permet aux enfants de gérer leurs symptômes et leur stress. Des techniques telles que la respiration profonde, la pleine conscience et la tenue d'un journal peuvent être bénéfiques.

Grâce à des applications comme Headspace (www.headspace.com), les exercices de pleine conscience peuvent aider les enfants à garder les pieds sur terre et à réduire leur anxiété. Des exercices de respiration profonde, pratiqués régulièrement, peuvent également aider les enfants à se calmer lors de moments stressants. Encourager les enfants à tenir un journal dans lequel ils peuvent exprimer leurs pensées et leurs sentiments peut permettre d'exprimer leurs émotions et de réduire le stress interne.

Collaborer avec des professionnels

Une collaboration régulière avec les professionnels de la santé garantit que le plan de traitement de l'enfant est efficace et à jour. Cela inclut le maintien de rendez-vous réguliers avec des thérapeutes, des psychiatres et d'autres spécialistes.

Un pédopsychiatre peut surveiller l'efficacité des médicaments et ajuster les doses si nécessaire. Les thérapeutes peuvent fournir un soutien continu et introduire de nouvelles techniques d'adaptation. Les écoles et les psychologues scolaires peuvent collaborer pour répondre aux besoins académiques de l'enfant grâce à des plans d'éducation individualisés (PEI) ou des plans 504.

Créer un environnement favorable

Un environnement familial favorable est crucial pour le bien-être des enfants atteints de schizophrénie. Cela implique de maintenir une atmosphère calme et stable, de minimiser les facteurs de stress et de garantir que l'enfant se sente en sécurité et soutenu.

Les soignants doivent également favoriser un environnement familial positif et encourageant. Célébrer les petites réussites, fournir un soutien émotionnel constant et créer des opportunités d'activités familiales agréables peuvent renforcer les liens familiaux et soutenir le développement de l'enfant.

Encourager l'interaction sociale

L'interaction sociale est essentielle pour développer les compétences sociales et réduire l'isolement. Les soignants doivent encourager les enfants à participer à des activités de groupe, à des passe-temps ou à des clubs qui les intéressent. Ces activités offrent des opportunités de mettre en pratique les compétences sociales dans un cadre favorable.

Par exemple, rejoindre une équipe sportive locale ou un cours d'art peut aider les enfants à développer des amitiés et une confiance en eux. Les centres communautaires et les organismes comme le YMCA (www.ymca.net) offrent une variété de programmes répondant à différents intérêts et capacités, offrant ainsi de précieuses opportunités sociales.

Gérer le stress et prendre soin de soi

Les soignants doivent également donner la priorité à leur bien-être pour soutenir efficacement leurs enfants. Gérer le stress grâce à des activités régulières de soins personnels est essentiel. Cela peut inclure de l'exercice, des passe-temps, des rencontres avec des amis ou de la détente.

Rejoindre des groupes de soutien aux soignants, tels que ceux proposés par la National Alliance on Mental Illness (NAMI) (www.nami.org), peut fournir un soutien émotionnel et des conseils pratiques de la part d'autres personnes qui comprennent les défis de la prestation de soins. Des soins personnels réguliers aident les soignants à maintenir leur énergie et leur résilience émotionnelle, leur permettant ainsi de prodiguer de meilleurs soins.

En adoptant ces techniques, les soignants peuvent fournir un soutien complet qui améliore le bien-être et le développement de leur enfant. Une approche holistique de la prestation de soins aide non seulement à gérer les symptômes de la schizophrénie, mais favorise également un environnement stimulant et favorable dans lequel l'enfant peut s'épanouir.

Lorsqu'on s'occupe d'un enfant atteint d'un trouble de santé mentale, il est essentiel de se préparer aux urgences. Les crises de santé mentale peuvent être imprévisibles et difficiles, mais avoir un plan et savoir comment y répondre peut faire une différence significative. Ce guide fournit des conseils essentiels pour gérer les urgences et assurer la sécurité et le bien-être de l'enfant et de son tuteur.

Reconnaître les signes d'une crise

La première étape dans la gestion d'une urgence de santé mentale consiste à en reconnaître les signes. Ceux-ci peuvent inclure des changements soudains de comportement, une agitation extrême, de graves sautes d'humeur, des hallucinations, des délires ou des menaces d'automutilation ou de mal à autrui. Par exemple, si un enfant habituellement calme et coopératif devient agressif ou commence à entendre des voix, cela pourrait indiquer une crise imminente.

Il est essentiel de rester calme et posé dans ces situations. La panique peut aggraver la détresse de l'enfant. Utilisez plutôt un ton doux et rassurant pour communiquer avec l'enfant. Par exemple, dire : « Je suis là pour vous aider. Prenons une profonde inspiration ensemble » peut contribuer à désamorcer la situation.

Élaborer un plan d'urgence

Un plan d'urgence est un guide détaillé qui décrit les mesures à prendre en cas de crise. Ce plan doit être élaboré en consultation avec des professionnels de la santé mentale et inclure la contribution de l'enfant, le cas échéant. Le plan doit être facilement accessible et partagé avec tous les membres de la famille et les soignants.

Le plan d'urgence doit comprendre :

- **Contacts d'urgence :** Indiquez les coordonnées du psychiatre, du thérapeute et du médecin de premier recours de l'enfant. Incluez également les numéros de téléphone des équipes locales d'intervention en cas de crise et du service d'urgence de l'hôpital le plus proche.

- **Informations sur les médicaments :** Détaillez tous les médicaments de l'enfant, y compris les posologies et les horaires. Ces informations peuvent être cruciales pour les prestataires de soins de santé en cas d'urgence.

- **Espaces sécurisés :** Identifiez les endroits sûrs de la maison où l'enfant peut se calmer. Il peut s'agir d'une pièce calme avec un minimum de stimuli ou d'un espace désigné avec des objets réconfortants comme des jouets ou des livres préférés.

- **De-escalation techniques:** Incluez des stratégies spécifiques qui aident à calmer l'enfant, comme des exercices de respiration profonde, l'écoute de musique apaisante ou la pratique d'une activité préférée.

Mesures immédiates à prendre

En cas de crise, il est essentiel de prendre des mesures immédiates pour assurer la sécurité. Voici quelques actions critiques à considérer :

1. **Assurer la sécurité :** Assurez-vous que l'enfant se trouve dans un environnement sûr. Retirez tous les objets qui pourraient être utilisés pour s'automutiler

ou nuire à autrui. Si l'enfant devient agressif, gardez une distance de sécurité tout en vous assurant qu'il ne peut pas quitter la zone et potentiellement mettre lui-même ou autrui en danger.

2. **Appel à l'aide** : Si la situation dégénère hors de votre contrôle, n'hésitez pas à appeler les services d'urgence. Lorsque vous appelez le 911 ou une équipe locale d'intervention en cas de crise, expliquez clairement que le problème implique une crise de santé mentale et fournissez des informations pertinentes sur l'état et le comportement actuel de l'enfant. Par exemple, dites : « Mon enfant souffre de schizophrénie et souffre d'une agitation et d'hallucinations sévères. Nous avons besoin d'une aide immédiate.

3. **Restez calme et rassurez-vous** : Utilisez un ton calme et rassurant pour communiquer avec l'enfant. Faites-leur savoir que vous êtes là pour les aider et qu'ils sont en sécurité. Évitez de discuter ou d'essayer de les raisonner au plus fort d'une crise, car cela peut accroître l'agitation.

Soins post-crise

Une fois la crise immédiate passée, un suivi avec des soins et un soutien appropriés est essentiel. Cela comprend :

1. **Compte rendu:** Discutez de l'incident avec l'enfant lorsqu'il est calme. Aidez-les à comprendre ce qui s'est passé et insistez sur le fait qu'il n'y a rien de mal à demander de l'aide lorsqu'ils se sentent dépassés.

2. **Mise à jour du plan d'urgence :** Revoir le plan d'urgence et apporter les ajustements nécessaires en fonction des enseignements tirés de la crise. Cela peut impliquer l'ajout de nouvelles techniques de désescalade ou la mise à jour des informations de contact.

3. **Rendez-vous de suivi :** Planifiez des rendez-vous de suivi avec les professionnels de la santé mentale de l'enfant pour revoir son plan de traitement et apporter les ajustements nécessaires. Des enregistrements réguliers peuvent aider à prévenir

de futures crises et à garantir le bien-être continu de l'enfant.

Formation et accompagnement des soignants

Les soignants devraient rechercher une formation sur les techniques d'intervention en cas de crise et de désescalade. Des organisations comme la National Alliance on Mental Illness (NAMI) proposent des ressources et des programmes de formation pour les soignants. Le programme Family-to-Family du NAMI, par exemple, fournit des informations précieuses sur la gestion des crises et le soutien à un proche souffrant d'un problème de santé mentale (www.nami.org).

De plus, les soignants ne devraient pas hésiter à chercher du soutien pour eux-mêmes. Gérer une crise de santé mentale peut être épuisant sur le plan émotionnel, et disposer d'un réseau de soutien est essentiel. Rejoindre des groupes de soutien aux soignants ou demander des conseils peut apporter un soutien émotionnel et des conseils pratiques.

Se préparer aux situations d'urgence implique de reconnaître les signes d'une crise, d'élaborer un plan d'urgence, de prendre des mesures de sécurité immédiates et de fournir des soins après la crise. En mettant en œuvre ces meilleures pratiques, les soignants peuvent gérer efficacement les crises, assurant la sécurité et le bien-être de leurs enfants tout en préservant leur santé et leur résilience. Une planification et un soutien minutieux permettent aux soignants de faire face à ces situations difficiles avec confiance et compassion.

La nutrition joue un rôle essentiel dans le maintien de la santé globale et a également un impact significatif sur la santé mentale. Les aliments que nous consommons peuvent influencer les fonctions cérébrales, l'humeur et les niveaux d'énergie. Il est donc essentiel de choisir un régime alimentaire favorisant le bien-être mental. Pour les soignants qui gèrent les besoins alimentaires des enfants souffrant de problèmes de santé mentale comme la schizophrénie, il est crucial de comprendre quels aliments peuvent être bénéfiques pour la santé mentale. Certains nutriments et aliments soutiennent la santé mentale, en fournissant des exemples pratiques et des conseils pour les intégrer aux repas quotidiens.

Acides gras oméga-3

Les acides gras oméga-3 sont essentiels à la santé du cerveau et ont été associés à une réduction des symptômes de dépression et d'anxiété. Ces graisses saines soutiennent les fonctions cérébrales et peuvent aider à stabiliser l'humeur.

- **Poisson gras**: Le saumon, le maquereau, les sardines et la truite sont riches en oméga-3. Les inclure dans l'alimentation de votre enfant plusieurs fois par semaine peut augmenter considérablement son apport en oméga-3. Par exemple, du saumon grillé accompagné de légumes constitue un dîner nutritif et délicieux.

- **Graines de lin et graines de chia**: Ces graines sont d'excellentes sources végétales d'oméga-3. Ils peuvent être facilement ajoutés aux smoothies, au yaourt ou aux flocons d'avoine. Un smoothie avec des baies, des épinards et une cuillère à soupe de graines de chia est une excellente façon de commencer la journée.

Antioxydants

Les antioxydants protègent le cerveau du stress oxydatif, qui peut contribuer aux troubles de santé mentale. Les aliments riches en antioxydants peuvent aider à réduire l'inflammation et à favoriser la santé du cerveau.

- **Baies**: Les myrtilles, les fraises et les framboises regorgent d'antioxydants. Un moyen simple de les inclure dans votre alimentation consiste à les ajouter aux céréales du petit-déjeuner ou à préparer une salade de fruits rouges.

- **Chocolat noir**: Le chocolat noir à haute teneur en cacao (70% ou plus) est une bonne source d'antioxydants. Boire un petit morceau comme gâterie l'après-midi peut satisfaire les envies sucrées et avoir des effets bénéfiques sur la santé mentale.

Glucides complexes

Les glucides complexes fournissent une source d'énergie constante et aident à maintenir une glycémie stable, ce qui est crucial pour la régulation de l'humeur.

- **Céréales entières**: Le riz brun, le quinoa, l'avoine et les produits à base de blé entier sont d'excellentes sources de glucides complexes. Un bol de flocons d'avoine garni de fruits frais et d'un filet de miel constitue un petit-déjeuner copieux et nutritif.

- **Les légumineuses**: Les haricots, les lentilles et les pois chiches sont riches en glucides complexes et en fibres. Ils peuvent être ajoutés aux soupes, aux ragoûts ou aux salades. Une soupe de lentilles aux légumes peut être à la fois réconfortante et nourrissante.

Protéines

Les protéines sont essentielles à la production de neurotransmetteurs, qui sont des produits chimiques qui transmettent des signaux au cerveau et influencent l'humeur et la cognition.

- **Viandes maigres**: Le poulet, la dinde et les coupes de bœuf maigres fournissent des protéines de haute qualité. Un sauté de dinde et de légumes peut constituer un repas rapide et équilibré.

- **Œufs**: Les œufs sont un aliment polyvalent et riche en protéines. Les œufs brouillés avec des épinards et du pain grillé aux grains entiers peuvent constituer une option nutritive pour le petit-déjeuner.

Vitamines et minéraux

Des vitamines et des minéraux spécifiques jouent un rôle crucial dans la santé du cerveau et peuvent contribuer à améliorer le bien-être mental.

- **Légumes-feuilles**: Les épinards, le chou frisé et la bette à carde sont riches en folate et essentiels au fonctionnement cérébral. Une salade d'épinards et de chou frisé avec une vinaigrette légère peut être un plat d'accompagnement rafraîchissant.

- **Noix et graines**: Les amandes, les noix et les graines de tournesol sont riches en magnésium, ce qui peut aider à réduire l'anxiété et à améliorer l'humeur. Une poignée de noix mélangées constitue une collation saine et satisfaisante.

Probiotiques

La santé intestinale est étroitement liée à la santé mentale, et les probiotiques peuvent aider à maintenir un équilibre sain des bactéries intestinales.

- **Yaourt**: Le yaourt avec des cultures vivantes peut fournir des probiotiques bénéfiques. Un parfait à base de yaourt, de granola et de fruits frais peut constituer une collation ou un petit-déjeuner savoureux et nutritif.

- **Aliments fermentés**: Les aliments comme le kimchi, la choucroute et le kéfir sont riches en probiotiques. Inclure une petite portion de kimchi aux repas peut ajouter une touche savoureuse et saine à votre alimentation.

Hydratation

Rester bien hydraté est essentiel pour un fonctionnement cérébral optimal. La déshydratation peut affecter l'humeur, la concentration et les performances mentales globales.

- **Eau**: Boire beaucoup d'eau tout au long de la journée est crucial. Encouragez votre enfant à emporter une bouteille d'eau et à en prendre des gorgées régulières.

- **Tisanes**: Les tisanes comme la camomille ou la menthe poivrée peuvent être apaisantes et hydratantes. Une tisane chaude de camomille avant de se coucher peut favoriser la relaxation et un meilleur sommeil.

Conseils pratiques pour les soignants

L'intégration de ces aliments dans l'alimentation de votre enfant peut être simple grâce à quelques conseils pratiques :

- **Planification des repas**: Planifiez des repas comprenant divers aliments riches en nutriments. Créer un menu hebdomadaire peut aider à assurer une alimentation équilibrée.

- **Cuisiner ensemble**: Impliquez votre enfant dans la préparation des repas. Cuisiner ensemble peut être une activité amusante et éducative qui encourage de saines habitudes alimentaires.

- **Collations équilibrées**: Préparez des collations saines à l'avance, comme des légumes coupés avec du houmous, des salades de fruits ou un mélange montagnard avec des noix et des graines.

Une alimentation bien équilibrée, riche en acides gras oméga-3, en antioxydants, en glucides complexes, en protéines, en vitamines, en minéraux, en probiotiques et en une hydratation adéquate peut améliorer considérablement la santé mentale. En incorporant ces aliments aux repas quotidiens, les soignants peuvent contribuer à améliorer le bien-être mental, l'humeur et la santé globale de leur enfant. Des ajustements simples et une planification réfléchie des repas peuvent faire une différence substantielle, en garantissant que l'enfant reçoive les nutriments essentiels à un fonctionnement cérébral et une stabilité émotionnelle optimaux.

Créer un plan alimentaire bien équilibré est essentiel pour soutenir la santé mentale et le bien-être général des enfants souffrant de problèmes de santé mentale comme la schizophrénie. Les exemples de plans de repas suivants sont conçus pour fournir une nutrition équilibrée, incorporant des aliments qui favorisent la santé du cerveau, stabilisent l'humeur et fournissent une énergie soutenue. Chaque plan comprend une variété d'aliments riches en nutriments pour garantir une approche diététique complète.

Exemple de plan de repas 1

Petit-déjeuner:

- **Greek Yogurt Parfait:**

Yaourt grec garni de baies mélangées, d'une poignée de granola et d'un filet de miel. Cette combinaison fournit des protéines, des antioxydants et des graisses saines pour commencer la journée.

Collation du milieu de la matinée :

- **Tranches de pomme au beurre d'amande :**

Tranches de pomme accompagnées d'une cuillère à soupe de beurre d'amande. Cette collation est riche en fibres, en vitamines et en graisses saines.

Déjeuner:

- **Salade de quinoa :**

Un mélange de quinoa, de tomates cerises, de concombres, de pois chiches, de fromage feta et d'une vinaigrette citron-huile d'olive. Le quinoa est une excellente source de glucides complexes et de protéines, tandis que les légumes ajoutent des fibres et des vitamines.

Collation de l'après-midi :

- **Mélange montagnard :** Noix, graines et fruits secs. Cela fournit une collation équilibrée avec des protéines, des graisses saines et une douceur naturelle.

Dîner:

- **Saumon au four avec brocoli cuit à la vapeur :**

Saumon au four assaisonné d'herbes et de citron, servi avec du brocoli cuit à la vapeur et du riz brun. Ce repas est riche en acides gras oméga-3, en protéines et en fibres.

Collation du soir :

- **Chocolat noir et fraises :**

Quelques carrés de chocolat noir (70% de cacao ou plus)

accompagnés de fraises fraîches. Cela fournit des antioxydants et satisfait sainement les envies sucrées.

Exemple de plan de repas 2

Petit-déjeuner:

- **Gruau aux fruits frais :**

Gruau cuit avec du lait ou une alternative laitière, garni de tranches de banane, d'une poignée de myrtilles et d'une pincée de graines de lin. Ce repas contient des fibres, des antioxydants et des acides gras oméga-3.

Collation du milieu de la matinée :

- **Bâtonnets de carottes et de céleri avec houmous :**

Bâtonnets de carottes et céleri frais servis avec une

portion de houmous. Cette collation est riche en fibres, vitamines et protéines.

Déjeuner:

- **Wrap au poulet et à l'avocat :** Wrap de blé entier rempli de poitrine de poulet grillée, de tranches d'avocat, d'épinards et d'une vinaigrette légère. Ce repas est riche en protéines maigres, en graisses saines et en vitamines.

Collation de l'après-midi :

- **Yaourt grec au miel et aux noix :**

Une portion de yaourt grec arrosée de miel et garnie de noix hachées. Cela fournit des protéines, des probiotiques et des graisses saines.

Dîner:

- **Sauté de dinde et de légumes :**

Dinde maigre sautée avec poivrons, pois mange-tout et carottes, servie sur du riz brun. Ce repas regorge de protéines maigres, de fibres et de vitamines.

Collation du soir :

- **Fromage cottage et ananas :** Fromage cottage garni de morceaux d'ananas. Cette collation offre des protéines et une touche sucrée naturelle du fruit.

Petit-déjeuner:

- **Bol à smoothies :**

Un smoothie à base d'épinards, de baies surgelées, d'une banane et de lait d'amande, versé dans un bol et garni de granola, de graines de chia et d'amandes tranchées. Ce repas est riche en antioxydants, en fibres et en graisses saines.

Collation du milieu de la matinée :

- **Craquelins à grains entiers avec fromage :** Craquelins à grains entiers servis avec des tranches de fromage. Cette collation apporte des glucides complexes et des protéines.

Déjeuner:

- **Soupe aux lentilles:** Une soupe copieuse à base de lentilles, de carottes, de céleri et de tomates, assaisonnée d'herbes et d'épices. Les lentilles sont une excellente source de protéines, de fibres et de fer.

Collation de l'après-midi :

- **Edamame :** Edamame cuit à la vapeur saupoudré d'un peu de sel marin. Cette collation est riche en protéines et en fibres.

Dîner:

- **Poulet grillé au quinoa et asperges :**

Poitrine de poulet grillée servie avec un accompagnement de

quinoa et d'asperges cuites à la vapeur. Ce repas contient des protéines maigres, des glucides complexes et des vitamines.

Collation du soir :

- **Écorce de yaourt glacé :** Yaourt grec étalé finement sur une plaque à pâtisserie, garni de baies mélangées et d'un filet de miel, puis congelé et brisé en morceaux. Cette collation fournit des protéines, des antioxydants et un croquant satisfaisant.

Conseils pratiques pour la planification des repas

- **Cuisson par lots :** Préparez des repas en vrac et conservez-les au réfrigérateur ou au congélateur pour des options rapides et saines tout au long de la semaine. Cela permet de gagner du temps et garantit que des repas nutritifs sont toujours disponibles.

- **Impliquer les enfants :** Impliquez les enfants dans le processus de planification et de préparation des repas. Cela peut les aider à en apprendre davantage sur une alimentation saine et les rendre plus susceptibles d'apprécier les repas.

- **Variété et équilibre** : Assurez-vous que chaque repas comprend des protéines, des glucides et des graisses saines. Incorporez une variété de fruits, de légumes, de grains entiers et de protéines maigres pour fournir une large gamme de nutriments.

- **Collations santé** : Gardez des collations saines à portée de main pour éviter d'opter pour des options transformées et malsaines. Les fruits, légumes, noix et yaourts précoupés sont des choix pratiques et nutritifs.

Une alimentation bien planifiée peut contribuer de manière significative à la santé mentale et au bien-être général. Ces exemples de plans de repas fournissent une nutrition équilibrée, intégrant des aliments qui favorisent la santé cérébrale et stabilisent l'humeur. En suivant ces plans et en intégrant des conseils pratiques de planification des repas, les soignants peuvent garantir que leurs enfants reçoivent les nutriments essentiels pour une santé mentale et physique optimale.

Une alimentation bien équilibrée est essentielle au maintien de la santé mentale, en particulier pour les enfants atteints de maladies comme la schizophrénie. Une bonne nutrition peut aider à stabiliser l'humeur, à améliorer la fonction cognitive et à améliorer le bien-être général. Voici quelques conseils nutritionnels et recettes faciles à intégrer aux repas quotidiens pour garantir que votre enfant reçoive les nutriments dont il a besoin pour s'épanouir.

Conseils nutritionnels

1. Incorporer des aliments entiers Les aliments entiers sont peu transformés et regorgent de nutriments essentiels. Concentrez-vous sur l'inclusion de fruits, de légumes, de grains entiers, de protéines maigres et de graisses saines dans l'alimentation de votre enfant.

2. Équilibrer les macronutriments : Assurez-vous que chaque repas équilibre les glucides, les protéines et les graisses. Les glucides fournissent de l'énergie, les protéines sont essentielles à la croissance et à la réparation, et les graisses soutiennent la santé du cerveau.

3. Restez hydraté. Encouragez la consommation régulière d'eau tout au long de la journée. La déshydratation peut affecter la concentration et l'humeur, il est donc essentiel de garder une bouteille d'eau à portée de main.

4. Inclure des acides gras oméga-3 Les acides gras oméga-3 sont essentiels à la santé du cerveau. Incorporez des sources comme le saumon, les graines de chia, les graines de lin et les noix dans l'alimentation de votre enfant.

5. Limitez les aliments et les boissons sucrés : Une consommation élevée de sucre peut entraîner des baisses d'énergie et des sautes d'humeur. Optez pour des édulcorants naturels comme le miel ou les fruits pour satisfaire les envies sucrées.

6. Promouvoir les aliments riches en probiotiques : Les probiotiques soutiennent la santé intestinale, qui est étroitement liée à la santé mentale. Incluez le yaourt, le kéfir, la choucroute et d'autres aliments fermentés.

7. Encouragez une alimentation consciente : Apprenez aux enfants à manger lentement et à reconnaître leurs signaux de faim et de satiété. Cela aide à prévenir les excès alimentaires et favorise une relation saine avec la nourriture.

Recettes

1. Salade de saumon et quinoa

Ingrédients:

- 2 filets de saumon

- 1 tasse de quinoa

- 2 tasses d'eau ou de bouillon

- 1 tasse de tomates cerises, coupées en deux

- 1 concombre, coupé en dés

- 1 avocat, tranché

- 2 cuillères à soupe d'huile d'olive

- 1 cuillère à soupe de jus de citron

- Sel et poivre au goût

- Herbes fraîches (facultatif)

Instructions:

1. Cuire le quinoa dans l'eau ou le bouillon selon les instructions sur l'emballage.

2. Assaisonner les filets de saumon avec du sel et du poivre et cuire dans une poêle à feu moyen jusqu'à ce qu'ils soient cuits (environ 4 minutes de chaque côté).

3. mélanger le quinoa cuit, les tomates cerises, le concombre et l'avocat dans un grand bol.

4. Écaillez le saumon dans la salade.

5. Arroser d'huile d'olive et de jus de citron et mélanger délicatement.

6. Garnir d'herbes fraîches si désiré.

2. Greek Yogurt Parfait

Ingrédients:

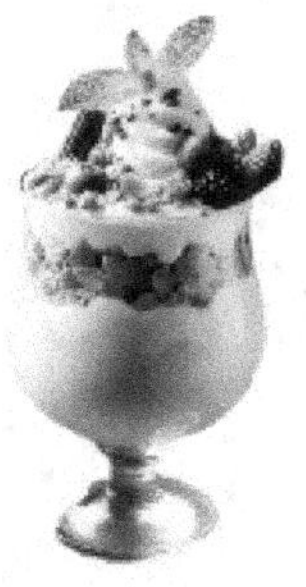

- 1 tasse de yaourt grec

- 1/2 tasse de petits fruits mélangés (fraises, bleuets, framboises)

- 1/4 tasse de granola

- 1 cuillère à soupe de miel

- 1 cuillère à soupe de graines de chia

Instructions:

1. Dans un verre ou un bol de service, répartissez la moitié du yaourt grec.

2. Ajoutez la moitié des baies, le granola et les graines de chia.

3. Répétez les couches avec le reste du yaourt, des baies, du granola et des graines de chia.

4. Arroser de miel sur le dessus.

5. Servir immédiatement ou réfrigérer pendant une heure pour une gâterie glacée.

3. Soupe aux lentilles aux légumes

Ingrédients:

- 1 tasse de lentilles, rincées

- 1 carotte, coupée en dés

- 1 branche de céleri, coupée en dés

- 1 oignon, coupé en dés

- 2 gousses d'ail, hachées

- 1 boîte (14,5 oz) de tomates en dés

- 4 tasses de bouillon de légumes

- 1 cuillère à café de cumin

- 1 cuillère à café de paprika

- Sel et poivre au goût

- 2 tasses d'épinards, hachés grossièrement

- 1 cuillère à soupe d'huile d'olive

Instructions:

1. Dans une grande casserole, chauffer l'huile d'olive à feu moyen.

2. Ajouter l'oignon, la carotte, le céleri et l'ail et faire revenir jusqu'à ce que les légumes soient ramollis.

3. Incorporer le cumin et le paprika.

4. Ajouter les lentilles, les tomates en dés et le bouillon de légumes.

5. Porter à ébullition, puis réduire le feu et laisser mijoter 25 à 30 minutes jusqu'à ce que les lentilles soient tendres.

6. Incorporer les épinards et cuire jusqu'à ce qu'ils soient fanés.

7. Assaisonner avec du sel et du poivre au goût.

8. Servir chaud avec une tranche de pain complet.

4. Frites de patates douces au four

Ingrédients:

- 2 grosses patates douces pelées et coupées en frites

- 2 cuillères à soupe d'huile d'olive

- 1 cuillère à café de paprika

- 1 cuillère à café de poudre d'ail

- Sel et poivre au goût

Instructions:

1. Préchauffer le four à 425°F (220°C).

2. Mélanger les frites de patates douces avec l'huile d'olive, le paprika, la poudre d'ail, le sel et le poivre dans un grand bol.

3. Étalez les frites en une seule couche sur une plaque à pâtisserie.

4. Cuire au four pendant 20 à 25 minutes, en retournant à mi-cuisson, jusqu'à ce qu'ils soient croustillants et dorés.

5. Servir avec une trempette au yaourt grec ou du ketchup.

6. Gruau du jour au lendemain

Ingrédients:

- 1/2 tasse de flocons d'avoine

- 1/2 tasse de lait ou une alternative sans produits laitiers

- 1/4 tasse de yaourt grec

- 1 cuillère à soupe de graines de chia

- 1 cuillère à soupe de miel ou de sirop d'érable

- 1/2 tasse de baies mélangées

Instructions:

1. mélanger l'avoine, le lait, le yaourt grec, les graines de chia et le miel dans un pot Mason ou un récipient.

2. Bien mélanger et garnir de baies mélangées.

3. Couvrir et réfrigérer toute la nuit.

4. Le matin, remuez bien, dégustez-le directement du pot ou transférez-le dans un bol.

L'intégration de ces conseils et recettes nutritionnelles dans l'alimentation de votre enfant peut améliorer considérablement sa santé mentale et son bien-être général. Des repas équilibrés et riches en nutriments aident à stabiliser l'humeur, à améliorer la fonction cognitive et à fournir une énergie soutenue. Les soignants peuvent apporter de petits changements réfléchis aux repas quotidiens et veiller à ce que leurs enfants reçoivent les nutriments essentiels à une santé mentale et physique optimale. Ces recettes sont conçues pour être simples, délicieuses et faciles à préparer, rendant une alimentation saine accessible et agréable pour toute la famille.

Comprendre la terminologie utilisée en santé mentale peut être crucial pour les soignants, les éducateurs et toute personne impliquée dans la prise en charge des personnes souffrant de problèmes de santé mentale. Ce glossaire fournit des définitions claires et concises des termes courants liés à la santé mentale, contribuant ainsi à démystifier le langage souvent utilisé par les professionnels. En vous familiarisant avec ces termes, vous pourrez mieux comprendre les diagnostics, les traitements et les conversations en matière de santé mentale.

Glossaire des termes

Anxiété: Un problème de santé mentale caractérisé par des sentiments d'inquiétude, de nervosité ou de peur suffisamment forts pour interférer avec les activités quotidiennes. Les symptômes peuvent inclure de l'agitation, un rythme cardiaque rapide et des difficultés de concentration. Les troubles anxieux comprennent le trouble d'anxiété généralisée (TAG), le trouble panique et le trouble d'anxiété sociale.

Trouble bipolaire: Un problème de santé mentale qui provoque des sautes d'humeur extrêmes, notamment des hauts et des bas émotionnels (manie ou hypomanie) et des bas (dépression). Ces sautes d'humeur peuvent affecter le sommeil, les niveaux d'énergie, le comportement et la capacité de penser clairement.

Thérapie cognitivo-comportementale (TCC) : Un type de psychothérapie qui aide les individus à identifier et à modifier les schémas de pensée et les comportements négatifs. La TCC est couramment utilisée pour traiter divers problèmes de santé mentale, notamment la dépression, l'anxiété et le SSPT.

Dépression: Trouble de santé mentale courant caractérisé par des sentiments persistants de tristesse, une perte d'intérêt pour les activités et une série de problèmes émotionnels et physiques. Les symptômes peuvent inclure de la fatigue, des changements dans le sommeil et l'appétit et des difficultés de concentration.

Thérapie comportementale dialectique (TCD) : Une thérapie cognitivo-comportementale qui enseigne les compétences nécessaires pour gérer les émotions, réduire les comportements autodestructeurs et améliorer les relations. La DBT est souvent utilisée pour traiter le trouble de la personnalité limite et d'autres affections impliquant une dérégulation émotionnelle.

Thérapie d'exposition: Un type de thérapie qui aide les individus à affronter leurs peurs dans un environnement contrôlé et sûr. Il est couramment utilisé pour traiter les phobies, le SSPT et les troubles anxieux.

Trouble d'anxiété généralisée (TAG) : Un problème de santé mentale caractérisé par une inquiétude excessive et incontrôlable concernant divers aspects de la vie. Les personnes atteintes de TAG anticipent souvent un désastre et peuvent être trop préoccupées par leur santé, leur argent, leur famille ou leur travail.

Hallucination: Une perception d'avoir vu, entendu, touché, goûté ou senti quelque chose qui n'était pas là. Les hallucinations peuvent survenir selon n'importe quelle modalité sensorielle et sont souvent associées à la schizophrénie et à d'autres troubles psychotiques.

Manie: Un état d'humeur, d'énergie et d'activité anormalement élevés qui est souvent associé au trouble bipolaire. Les symptômes peuvent inclure une estime de soi gonflée, une diminution du besoin de sommeil, une bavardage, des pensées qui s'emballent et un comportement imprudent.

Trouble obsessionnel-compulsif (TOC) : Un problème de santé mentale caractérisé par des pensées indésirables et récurrentes (obsessions) et des comportements répétitifs (compulsions). Ces comportements sont souvent adoptés pour atténuer l'anxiété causée par les obsessions.

Crise de panique: Un épisode soudain de peur intense qui déclenche des réactions physiques graves, telles que des douleurs thoraciques, des palpitations cardiaques, des étourdissements et un essoufflement, même en l'absence de danger réel ou de cause apparente. Les attaques de panique sont une caractéristique essentielle du trouble panique.

Trouble de stress post-traumatique (SSPT) : Un problème de santé mentale déclenché par l'expérience ou le témoignage d'un événement traumatisant. Les symptômes comprennent des flashbacks, des cauchemars, une anxiété sévère et des pensées incontrôlables à propos de l'événement.

Psychose: Un état mental caractérisé par une perte de contact avec la réalité. Les symptômes peuvent inclure des hallucinations, des délires et une perception altérée. La psychose peut survenir dans des conditions telles que la schizophrénie, le trouble bipolaire et la dépression sévère.

Schizophrénie: Trouble de santé mentale chronique qui affecte la pensée, les sentiments et le comportement d'une personne. Les symptômes comprennent des hallucinations, des délires, une pensée désorganisée et un fonctionnement altéré. La schizophrénie nécessite un traitement à long terme, impliquant souvent des médicaments et une thérapie.

Inhibiteurs sélectifs du recaptage de la sérotonine (ISRS) : Classe de médicaments couramment utilisés pour traiter la dépression et les troubles anxieux. Les ISRS agissent en augmentant le niveau de sérotonine dans le cerveau, ce qui peut améliorer l'humeur et réduire l'anxiété.

L'automutilation: L'acte de s'infliger délibérément du mal, généralement pour faire face à une détresse émotionnelle. L'automutilation peut inclure des comportements tels que se couper, se brûler ou se frapper. Il est essentiel de demander l'aide d'un professionnel en cas d'automutilation.

Stigmate: Attitudes, croyances et comportements négatifs envers les personnes souffrant de problèmes de santé mentale. La stigmatisation peut conduire à la discrimination, à l'exclusion sociale et à une réduction des opportunités pour les personnes souffrant de troubles de santé mentale.

Groupe de soutien : Un groupe de personnes qui se réunissent pour partager leurs expériences, se soutenir émotionnellement et se donner des conseils pratiques. Les groupes de soutien peuvent constituer une ressource essentielle pour les personnes souffrant de problèmes de santé mentale et leurs soignants.

Thérapeute: Un professionnel de la santé mentale agréé qui propose une thérapie pour aider les individus à gérer et à surmonter leurs problèmes de santé mentale. Les thérapeutes peuvent inclure des psychologues, des travailleurs sociaux cliniciens, des thérapeutes conjugaux et familiaux et des conseillers professionnels agréés.

Traumatisme: Une réaction émotionnelle à un événement pénible ou dérangeant qui submerge la capacité d'un individu à y faire face. Un traumatisme peut résulter d'événements tels que des accidents, des catastrophes naturelles, de la violence ou des abus. Les effets à long terme d'un traumatisme peuvent inclure le SSPT, l'anxiété et la dépression.

Ce glossaire de termes et définitions courants en matière de santé mentale est conçu pour aider les soignants et les individus à mieux comprendre le langage utilisé dans les soins de santé mentale. La familiarité avec ces termes peut améliorer la communication avec les prestataires de soins de santé, favoriser une meilleure compréhension des problèmes de santé mentale et contribuer à des soins et à un plaidoyer plus efficaces.

L'accès à des informations fiables et fondées sur des données probantes est crucial pour comprendre et gérer les problèmes de santé mentale. Les articles et revues universitaires fournissent des informations précieuses sur les dernières recherches, stratégies de traitement et développements théoriques en matière de santé mentale. Pour les soignants, les éducateurs et les professionnels de la santé, ces ressources sont indispensables pour rester informés et prendre des décisions éclairées.

Revues académiques de premier plan

1. Journal de l'Académie américaine de psychiatrie de l'enfant et de l'adolescent (JAACAP) Le JAACAP est une revue de premier plan qui publie des recherches sur le diagnostic et le traitement des troubles psychiatriques de l'enfant et de l'adolescent. Il couvre un large éventail de sujets, notamment les troubles du développement, les troubles de l'humeur et l'impact des facteurs environnementaux sur la santé mentale.

2. Journal américain de psychiatrie Cette revue est l'une des plus prestigieuses en psychiatrie. Il publie des recherches sur un large éventail de sujets, notamment la schizophrénie, la dépression, les troubles anxieux et l'efficacité de divers traitements. L'American Journal of Psychiatry est une ressource essentielle pour comprendre les dernières avancées en matière de soins de santé mentale.

3. Journal de psychologie clinique : Le Journal of Clinical Psychology propose des articles approfondis sur la pratique de la psychologie clinique. Il comprend des recherches sur les techniques thérapeutiques, les évaluations psychologiques et le traitement des problèmes de santé mentale. Cette revue est précieuse tant pour les praticiens que pour les chercheurs.

4. Examen de la psychologie clinique de l'enfant et de la famille : Cette revue se concentre sur la santé mentale et le bien-être des enfants et des familles. Il comprend des revues de recherches actuelles, des articles théoriques et des lignes directrices de pratique clinique. Les sujets souvent abordés comprennent la thérapie familiale, le développement de l'enfant et les interventions fondées sur des preuves pour les troubles de l'enfant et de l'adolescent.

Articles clés et recherches

1. « Schizophrénie précoce : diagnostic et traitement » Publié dans le JAACAP, cet article fournit un aperçu complet de la schizophrénie précoce, y compris les critères de diagnostic, les options de traitement et les études de cas. Il s'agit d'une ressource précieuse pour comprendre les défis uniques et les stratégies de traitement des enfants diagnostiqués avec la schizophrénie.

2. « Thérapie cognitivo-comportementale pour l'anxiété chez les enfants : une méta-analyse » Cet article, disponible dans le Journal of Clinical Psychology, passe en revue de nombreuses études sur l'efficacité de la thérapie cognitivo-comportementale (TCC) dans le traitement de l'anxiété chez les enfants. Il met en évidence les avantages de la TCC et fournit des preuves de son utilisation comme traitement de première intention des troubles anxieux pédiatriques.

3. **« L'impact de la santé mentale parentale sur le développement de l'enfant : un examen »** Trouvé dans Clinical Child and Family Psychology Review, cet article examine comment les problèmes de santé mentale des parents peuvent affecter le développement de l'enfant. Il offre un aperçu de la transmission intergénérationnelle des problèmes de santé mentale et souligne l'importance des interventions centrées sur la famille.

4. **« Pharmacothérapie pour les troubles anxieux pédiatriques : un examen des données probantes »** Publié dans l'American Journal of Psychiatry, cet article de synthèse traite de l'efficacité et de l'innocuité de divers médicaments utilisés pour traiter les troubles anxieux chez les enfants. Il fournit des lignes directrices aux cliniciens sur le moment et la manière d'utiliser la pharmacothérapie en conjonction avec d'autres traitements.

5. **« Interventions basées sur la pleine conscience pour les jeunes : une revue de la littérature »** Cet article, publié dans le Journal of Clinical Psychology, explore le nombre croissant de recherches sur les interventions basées sur la pleine conscience auprès des enfants et des

adolescents. Il évalue l'efficacité de ces interventions pour réduire les symptômes d'anxiété, de dépression et de stress chez les jeunes.

Accéder aux articles académiques

De nombreuses revues universitaires offrent un accès gratuit à certains contenus, tandis que d'autres peuvent nécessiter un abonnement ou un achat. Voici quelques façons d'accéder à ces précieuses ressources :

1. **Bibliothèques universitaires** Les bibliothèques universitaires donnent souvent accès à diverses revues universitaires. Si vous êtes affilié à une université, vous pouvez avoir un accès gratuit à ces revues via le portail en ligne de la bibliothèque.

2. **Bibliothèques publiques** De nombreuses bibliothèques publiques offrent un accès à des revues et bases de données universitaires. Vérifiez auprès de votre bibliothèque locale si elle donne accès à des revues comme JAACAP, l'American Journal of Psychiatry et d'autres.

3. **Bases de données en ligne** Des sites Web comme PubMed (www.pubmed.ncbi.nlm.nih.gov) et Google

Scholar (scholar.google.com) donnent accès à de nombreux articles académiques. Si certains articles sont disponibles gratuitement, d'autres peuvent nécessiter un abonnement ou un achat. Ces bases de données permettent de trouver des articles de recherche et des revues spécifiques.

4. **Organisations professionnelles** Les organisations professionnelles, telles que l'American Psychological Association (APA) et l'American Psychiatric Association, offrent souvent l'accès à des revues et des articles dans le cadre des avantages de leur adhésion. Ces organisations proposent également des ressources de formation continue et d'autres documents précieux pour les professionnels.

Les articles et revues universitaires constituent des ressources inestimables pour toute personne impliquée dans les soins et le traitement des problèmes de santé mentale. Des revues comme JAACAP, l'American Journal of Psychiatry, le Journal of Clinical Psychology et la Clinical Child and Family Psychology Review proposent des recherches de pointe et des informations pratiques sur la santé mentale. Des articles clés sur des sujets tels que la schizophrénie précoce, la thérapie cognitivo-comportementale et l'impact de la santé mentale des parents sur le développement de l'enfant offrent des informations détaillées et fondées sur des données probantes qui peuvent éclairer et améliorer les pratiques de soins.

Des études et des rapports approfondis sont des outils essentiels pour faire progresser notre compréhension de la santé mentale. Ces analyses complètes fournissent des données et des informations précieuses qui aident à façonner des traitements efficaces, à éclairer les décisions politiques et à sensibiliser le public. En approfondissant ces études, nous pouvons découvrir les complexités des problèmes de santé mentale et découvrir des moyens d'améliorer les soins et les résultats pour les personnes qui en sont affectées.

L'enquête nationale sur les comorbidités

L'une des études les plus influentes en matière de recherche sur la santé mentale est la National Comorbidity Survey (NCS), menée aux États-Unis. La NCS a été la première enquête à grande échelle sur la santé mentale à utiliser des entretiens diagnostiques structurés pour évaluer la prévalence et les corrélats des troubles mentaux. Cette étude révolutionnaire a fourni une mine d'informations sur la prévalence des problèmes de santé mentale, leurs comorbidités et les modèles de comportement de recherche de traitement parmi les Américains.

Les résultats ont révélé que près de la moitié de tous les adultes aux États-Unis souffriraient d'un trouble de santé mentale à un moment donné de leur vie, soulignant la nature répandue de ces conditions. En outre, l'enquête a identifié d'importantes lacunes dans le traitement, de nombreuses personnes ne recevant pas les soins dont elles avaient besoin. Ces connaissances ont joué un rôle déterminant dans l'orientation des politiques de santé mentale et l'amélioration de l'accès aux soins.

L'étude sur la charge mondiale de morbidité

L'étude Global Burden of Disease (GBD), dirigée par l'Institute for Health Metrics and Evaluation (IHME), est un autre projet de recherche crucial qui a eu un impact significatif sur notre compréhension de la santé mentale à l'échelle mondiale. L'étude GBD fournit des données complètes sur la prévalence et l'impact de divers problèmes de santé, notamment les troubles de santé mentale, dans différents pays et régions.

Les résultats de l'étude GBD ont souligné le fardeau considérable des problèmes de santé mentale dans le monde, la dépression et l'anxiété étant parmi les principales causes d'invalidité. Ces données ont été cruciales pour les décideurs politiques et les prestataires de soins de santé pour prioriser les initiatives en matière de santé mentale et allouer efficacement les ressources. En comparant le fardeau des problèmes de santé mentale au sein de différentes populations, l'étude GBD a également mis en évidence la nécessité d'interventions adaptées à la culture et spécifiques à la région.

L'étude sur le développement cognitif du cerveau des adolescents (ABCD)

L'étude ABCD est l'étude à long terme la plus approfondie sur le développement du cerveau et la santé des enfants aux États-Unis. Financé par les National Institutes of Health (NIH), ce projet de recherche suit plus de 11 000 enfants de l'adolescence au jeune adulte, collectant des données sur la structure et la fonction cérébrales, les capacités cognitives et la santé mentale.

L'un des principaux objectifs de l'étude ABCD est de comprendre comment divers facteurs, notamment la génétique, l'environnement et le mode de vie, influencent le développement du cerveau et les résultats en matière de santé mentale. Les premiers résultats de l'étude ont permis de mieux comprendre l'impact du temps passé devant un écran, de l'activité physique et de la consommation de substances sur le développement du cerveau des adolescents. Cette recherche devrait éclairer les stratégies de prévention et d'intervention pour les problèmes de santé mentale chez les enfants et les adolescents.

Rapport sur la santé mentale des enfants et des jeunes en Angleterre

Le rapport sur la santé mentale des enfants et des jeunes en Angleterre, publié par le National Health Service (NHS) et l'Office for National Statistics (ONS), fournit des données détaillées sur la santé mentale des enfants et des adolescents en Angleterre. Ce rapport est basé sur une enquête à grande échelle qui évalue la prévalence des troubles de santé mentale, les facteurs de risque et l'accès aux services chez les jeunes.

Le dernier rapport a révélé une augmentation significative des problèmes de santé mentale chez les enfants et les jeunes, un sur six souffrant probablement d'un trouble mental. Le rapport a également identifié les obstacles à l'accès aux services de santé mentale, orientant les efforts visant à améliorer la prestation des services et à réduire les disparités en matière de soins.

Commission du Lancet sur la santé mentale mondiale et le développement durable

La Commission du Lancet sur la santé mentale mondiale et le développement durable est un rapport historique qui aborde la crise mondiale de la santé mentale et ses implications pour le développement durable. La commission rassemble des experts de divers domaines pour analyser de manière approfondie la santé mentale dans le monde et proposer des recommandations pour améliorer les soins de santé mentale.

Le rapport appelle à un changement de paradigme dans les soins de santé mentale, en plaidant pour l'intégration des services de santé mentale dans les soins primaires, la promotion de la santé mentale tout au long de la vie et la réduction de la stigmatisation et de la discrimination. Il souligne également l'importance d'investir dans la santé mentale pour atteindre les objectifs de développement durable (ODD) des Nations Unies, en soulignant les interconnexions entre la santé mentale et d'autres aspects du développement.

Des études et des rapports approfondis sont essentiels pour faire progresser notre compréhension de la santé mentale et éclairer des politiques et des pratiques efficaces. De l'Enquête nationale sur la comorbidité à l'étude sur la charge mondiale de morbidité, ces analyses complètes fournissent des informations précieuses sur la prévalence, l'impact et le traitement des problèmes de santé mentale. En tirant parti des résultats de ces études, nous pouvons améliorer l'accès aux soins, développer des interventions ciblées et, à terme, améliorer le bien-être des personnes touchées par des troubles de santé mentale. Un investissement continu dans la recherche en santé mentale est crucial pour relever les défis et saisir les opportunités dans ce domaine et garantir que les soins de santé mentale

constituent une priorité dans l'agenda mondial de la santé.

Cher lecteur estimé,

Tout d'abord, permettez-moi de dire un mot sincère **merci** pour avoir choisi ce livre. Le fait que vous le teniez entre vos mains (ou que vous le lisiez sur votre appareil) me dit que vous vous souciez profondément du bien-être mental d'un enfant. Ce genre de dévouement est inspirant et je suis vraiment reconnaissant que vous m'ayez confié pour faire partie de votre voyage.

J'espère que ce livre vous a fourni des informations précieuses, des stratégies pratiques et l'assurance que vous n'êtes pas seul à faire face aux défis de santé mentale. Si vous avez trouvé ce guide utile, j'apprécierais profondément que vous preniez un moment pour laisser un **examen honnête** sur Amazon. Vos commentaires m'aident non seulement mais garantissent également que **autres parents, tuteurs et éducateurs** pouvez découvrir ce livre et bénéficier du même soutien et des mêmes connaissances que vous. Le système d'Amazon privilégie les livres avec des critiques, ce qui signifie **votre voix peut aider une** autre famille à trouver les réponses dont elle a désespérément besoin.

La santé mentale est un voyage continu, et je veux que vous sachiez que vous n'êtes pas obligé de le parcourir seul. Si vous avez **des questions, des réflexions ou même des expériences personnelles que vous aimeriez partager**, j'aimerais avoir de vos nouvelles ! N'hésitez pas à me contacter à <u>talkwithdrjasmine@gmail.com</u>; Je serai plus qu'heureux de vous soutenir davantage.

De plus, si vous avez trouvé ce livre utile, je vous encourage à consulter mes autres livres sur la santé. Le bien-être mental ne concerne pas seulement l'enfance ; il évolue tout au long de la vie, et ces livres sont conçus pour **aider à chaque étape**.

Merci encore une fois de faire partie de cette mission visant à briser les préjugés et à apporter un soutien là où il est le plus nécessaire. Je vous souhaite, à vous et à vos proches, force, connaissances et le meilleur en matière de bien-être mental.

Chaleureusement,

Dr Jasmine Terry

AUTRES LIVRES DU MÊME AUTEUR, TRADUITS EN 5 LANGUES.

SCANEZ LE CODE QR POUR DÉCOUVRIR CHAQUE LIVRE

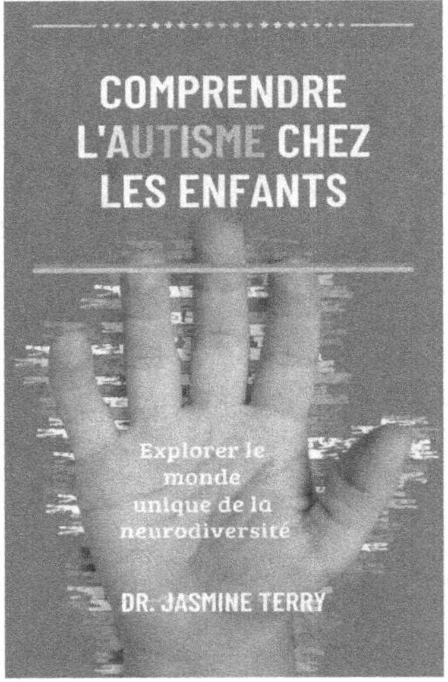

LA FIN